妄想資料室
すずや。
The Library of Delusions
suzuya.

まえがき

２０１６年７月に「妄想ポーズ集」という本を出した後Twitterに書いていた妄想ネタや実体験に基づく性体験を綴った小粋なエッセイを書きたい、と言っていたところに声をかけていただき、この連載が新書館のシェリプラスで始まったのが２０１７年９月。

全20回、３年にわたって連載されたものがとうとう書籍化されました。

こんなに続くと思ってなかったし、こんなに続けている実感もないままに書籍化された次第です…やったぜ。


この夢が叶ってから、したいことは口に出す様になったし、それからＳＮＳを通して様々な夢を実現することができました。

折角だからこの場を借りていろんな人にお礼を言いたい。

連載の読者の方も、今回初めて読む方も、他のことにも使えただろうに、大切な時間とお金をこの本の為に使って下さってありがとうございます。

これを見ているかもしれない親御さん、御宅の子こんな本持ってますよ。性的に健やかな証拠です。安心して下さい、性癖は家族会議では変わらない。

あと創作をされる方、この本に一つでもグッとくる話があれば幸いです。
もしご自身の作品に使いたいと思えるネタがあれば、ご自由にどうぞ。

最後に言い訳なのですが、コラム書いてるからって俺がコラムが書ける人かといったら大間違いですよ！　なんですか、商品化されたらそれは高品質だとでも思ってるんですか!!
国語得意だったらもう少しマシなもん書いたかもしれないですけど、俺はアンパンマンかサザエさんくらいワンパターンな物しか書けません。

でも大切なのは伝えようとする気持ち！
なんせ処女作なのですから！
読めば、読めます！

２０１９年９月。
すず屋。

CONTENTS

第1回　初めてのアナル開発の話（幼少期）……008
第2回　乳首開発篇……011
第3回　「一緒にイこ……？」は果たして可能か？……016
第4回　BLにおける受のオーガズム……022
第5回　くすぐりについて……026
第6回　兜合わせ……032
第7回　童貞拗らせ男子愛……036
第8回　撮影フェチの話……039
第9回　クリスマスのホテルの話……045
第10回　幸福ホルモンとオチチトチン……049
第11回　私の近況報告……052
第12回　写真集と写真展の話……058

第13回 「Fake it」の話 …… 062
第14回 私の近況報告2 …… 066
第15回 五感とASMRの話 …… 072
第16回 正月太りとEDの話 …… 075
第17回 花粉と税金と教室の話 …… 080
第18回 記憶と香りの話 …… 083
第19回 感度、覚えていますか …… 089
第20回 トレーニングツールが欲しい …… 093
書き下ろし 射精ってしんどい …… 098
結婚とゲイ …… 106
楽しい話 …… 111

妄想資料室

すず屋。

The Library of Delusions

suzuya.

第1回

初めてのアナル開発の話（幼少期）

アナル開発というのは男同士のセックスにおいて非常に重要な過程で、その開発は指に始まり、ある場合は道具を使い、最終的にモノが入るわけだが入ったからといって開発が終わったわけではない。

受が快感を得られるようになって初めて「開発済み」と言える。

昨今のＢＬ漫画ではその描写も徐々に増えてきた。だがページの都合でなかなか描いてもらえない傾向にある。

実際描いてる作家さんも、どれくらいの時間がかかるのかご存じない方が多いだろう。

そんな方々のために実体験を元にした初開発の話をしたい。

僕がアナル興味を持ったのは小学五年生の時、バージンを捧げた相手は

P[redacted]2用ソフト『太[redacted]の達人～タタコンでドドンがドン～』に付属の『タタコンのバチ』だった。

このバチは非常に優れていて、プラスチック製で両端が丸く成形されている。子供が使うことを考慮してかバリが全くない。太さは魚肉ソーセージよりちょっと太いくらい。中指と薬指を合わせた程度で太すぎず細すぎない、おまけに肌色。

かくしてタタコンのバチはベストアンサーに選ばれた。

「なんでそんなもん挿《い》れちゃったの！」と思われるかもしれないが、「そこにバチがあったから」としか申し上げることができない。

据え膳食わぬは男の恥ではないが、なんというか、武士の一分《いちぶん》である。

その夜。

布団の中でこっそり裸になり、後ろめたさと開放感を感じながらハンドクリームを塗りつけたバチを穴に押し当てると、普段感じ得ない、軽い痛みに似た異物感がニュル…という感覚と共に入ってきた。

エンボス加工された「NA[redacted]CO」のロゴが穴の縁を叩くのを感じる。

気持ちいいのかわからないけど、もっとしてみたい……というぼんやりした気持ちで、初夜を終えた。

家族にバレない様に開発拠点をお風呂場に変え、開発をしていたある日。

「……？」

いつもと感覚が違う、何か痺《しび》れる感じがする。中指の第二関節くらいの位置。そこを突く度に、快感で頭が真っ白になっていくのを感じがした。

急上昇するのではなく、ふわっと浮き上がる様な快楽。

勢いを増した手は止まらず、気がつくと、先端からは半透明な精液が溢れていた。

初めて感じる、何かが深く満たされる感覚だった。

その後、様々な知識を得てこの意味を知るのだが、この時はただ、すごい……何かすごいことをしてしまったかもしれない……という気持ちだった。

男子は大体11歳までに精通を終えるらしいが、自分のようにアナル開発に手を出すタイプも居る。

第2回

乳首開発篇

二回目はないだろうなと思ってたら、なんと今月号もページを頂くことができました！　ありがとうございます！

というわけで今回は「乳首開発篇」です。

どうしてこう幼少時代に何でも開発してしまうのか。何もしてなかったら、今頃真面目な会社員にでも……はあ……。


ＢＬに造詣《ぞうけい》が深い読者も疑問だと思うのですが、結論から言うと、男の乳首は性感帯になり得ます。

くすぐったいだけだったのに、他のとこと一緒に弄《いじ》られると……って人が結構いるんです。

そういう人は、乳首イキの素質があるように思えます。

くすぐったいと気持ち良いは紙一重ですからね。

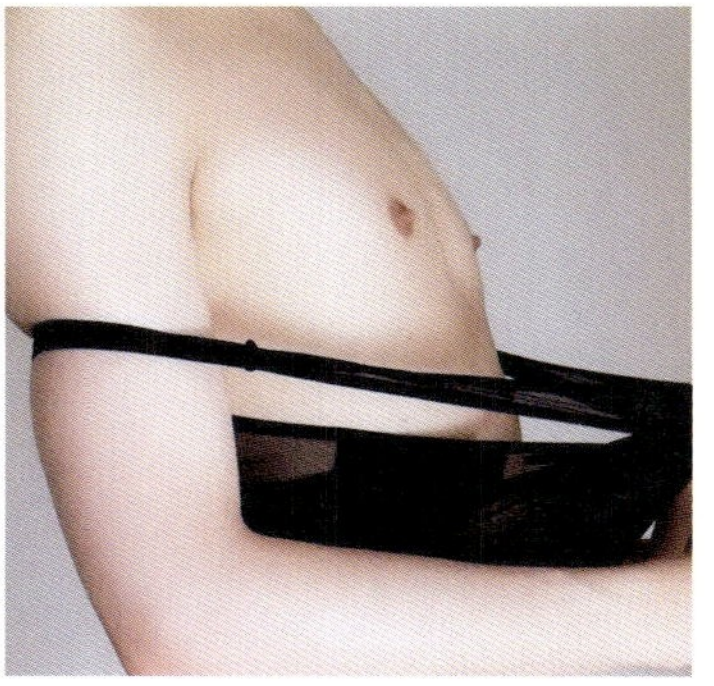

しかも、男性の乳首神経は前立腺神経と繋がっているので、両方開発すると、より深い快感が得られるんです。

つまり、男なら誰もが開発の可能性を秘めているということですね、素晴らしい……!!

ただしこれには一つの弊害があって、一部の受けは時々攻めやリバに転向することがあるのですが、乳首モロ感(※1)にまでなるとタチってる(※2)間乳首を攻めてもらわないとイケないなんて後遺症も……。やりすぎると乳首以外感じない、なんて人もいます。

自分も乳首は感じる方なのですが、そもそも自分が乳首が性感帯だと気付いたのはアナル同様に小学五年生。

プールの時に隣にいた転校生の中野くんに不意に弄《いじ》られたのがきっかけに気づかされるというラッキースケベ的なものでした……。

といっても「性的好奇心」や「男子の悪ふざけ」的なものではなく、無意識に僕の乳首を撫でてしまったらしく、

「あ…! うわ! あのあの! あ! ごめっ…俺っ!!! 無意識でっ!!!」

と真っ赤になってすごい勢いで謝ってくる中野くん。

恥ずかしさなのか千切れるほどの首の運動のせいなのか、みるみる体まで赤くなっていく中野くん。乳首を無意識に触って謝りながら顔を横に振るスク水少年は、生涯彼しか見た事がない。

たった一瞬の出来事に状況を上手《うま》く把握出来ない自分は「あ…大丈夫、平気」と言いながらも、触れられたあとのくすぐったい様な、ジンジンする様な感覚と恥ずかしさに「俺の身体が明らかに今までと違う！」と確信。

調べてみると、男子も第二次性徴の時期は胸に変化があり、人によっては乳首が張って少しプクっと膨らんで、その間は痛みが伴ったり感度が上がるのだそう。

そのせいで、中野くんが無意識に触ってしまうほどにそれが主張していたと……漫画かよ……。

当時十歳の僕はその日から開発をスタート。触れるたびに少しの痛みと共に甘い刺激が…とその晩には完全マスターし、指に始まった開発は、経験を重ねるごとに洗濯バサミ、吸引、針、と痛みを求める方向へとレベルアップしていくのでした……（まさか自分が痛みの頂点を超えると強い快楽を感じる人種だとは）。

それから十数年、経験を重ねると、先述の後遺症を感じることが増えました。例えば、

・Tシャツを着れば親に「なんでいつも乳首たってんの」と言われ。
・Twitterで写真を上げ始めれば「これは開発済みw」とリプライがつき。
・出会った野郎と事を終えれば「出会えてよかった（乳首に）」と言われる始末。

快楽の開発は基本等価交換。

俺の性癖がこんなに歪んだんだから、中野くんの性癖も歪んでたらいいな。

※1……ゲイ用語「非常に敏感、感じる」の意　※2……ゲイ用語「攻めている、挿入している」の意

第3回

「一緒にイこ……？」は果たして可能か？

前回の妄想資料室で中野くんの話をしたあと、どのＳＮＳを探しても一向に見つかる気配がなくて残念でしたが、小学三年生の時に僕に性的ないたずらをしてきた西尾くんはここじゃちょっと言えないところで見つけることができました。世間は狭いですね。

今回は切り口を変えて「漫画でよく見る描写は本当にあるのか？」という話。

第三回【「一緒にイこ……？」は果たして可能か？】です。

やおい穴に次ぐファンタジー要素、かつ「体は正直だな」「汚くなんかないよ…」に次ぐ古めの常套《じょうとう》句。そんな一言で一緒にイケたら苦労ねぇよな。

よく「ＡＶ男優さんはそのタイミングが自由自在」とか言われます。どちらかといえば攻め《タチ》の方がコントロールしやすいんですね。動きを自分の好きにできるだけでなく、神経のコントロールが上手い人もいるみたいです。

そもそも射精には自律神経が深く関わっていて、副交感神経優位のリラックス状態によって「平滑筋」が緩むことで海綿体への血流が増えて勃起、その逆に交感神経優位の興奮状態で射精に至るのですが、呼吸法などでそれを落ち着かせることでタイミングを合わせられるのだそう。

逆に言うとどうしても緊張したり「イキそう」って思えないといつまでもイけなかったり、遅漏ぎみになったり。心理的な作用で絶頂のタイミングって左右するんです。逆に言えば早めることも出来る。

それをふまえて、内側から強制的に刺激されてる受けにもできる事を考えて実践してみました。
それは、呼吸を荒らげて抱きつく力を強くして「イキそー……」と伝えて相手の興奮スイッチを入れる事。実際に試してみると同時にイける確率が高くなりました。興奮を五感で共有することで相手のオーガズムはコントロールできるかも。というのが最近の持論です。相手が素直ないい人だったからかも……。

調べても他にこのような文献は見当たらず、あくまですず屋。調べ&経験則。でも今度そんなシーンをみたら「ファンタジーでも大人の事情でもない！　体が正直なだけだ!!」って思ってみてください。

超余談だけど、こんだけセックス描写がガツガツ描かれる時代なんだし、そろそろシャワ浣とかそういう諸々《もろもろ》まで描写してくれてもいいと思うんですよ。前から声を大にして叫んでるんだけど誰も描いてくれない。

ベッドシーンになったら「そんなすぐ出来ねえよ色々準備があんだか

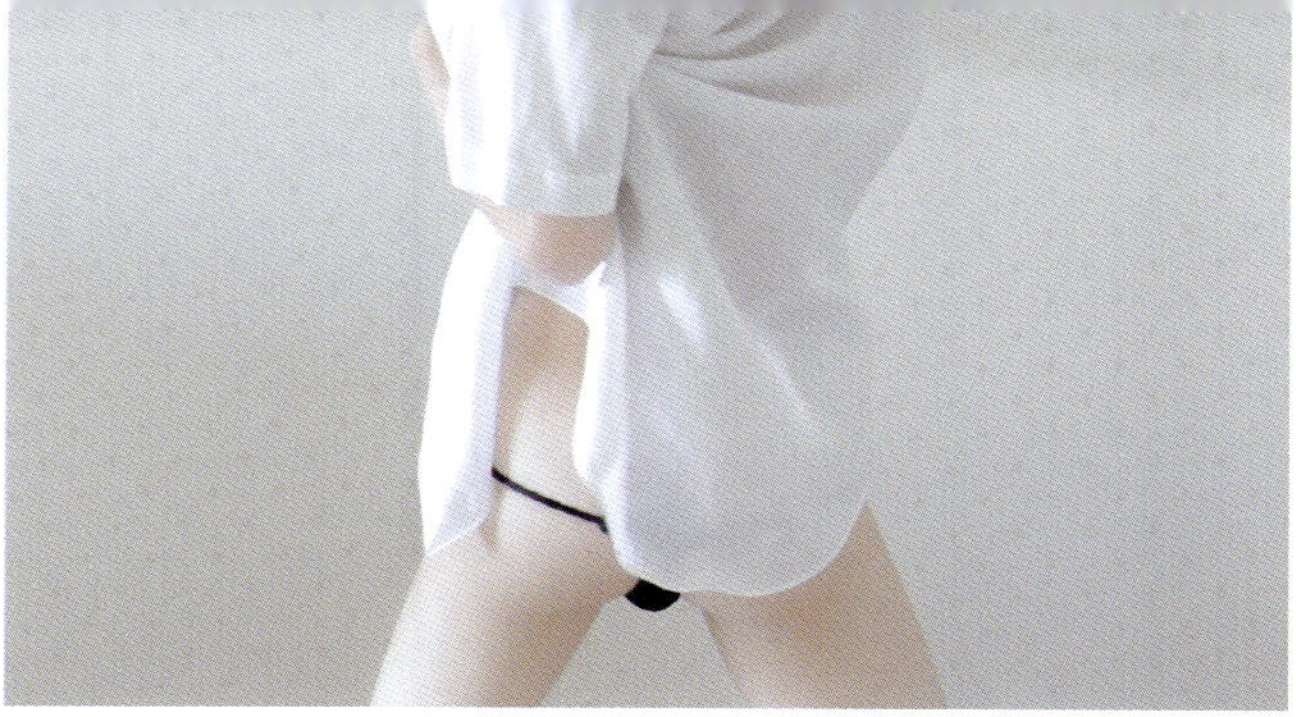

ら！」ってセリフ挟むくらいでも良いから、ちょっとドキッとさせられたい。色々あるんですよ、男も。

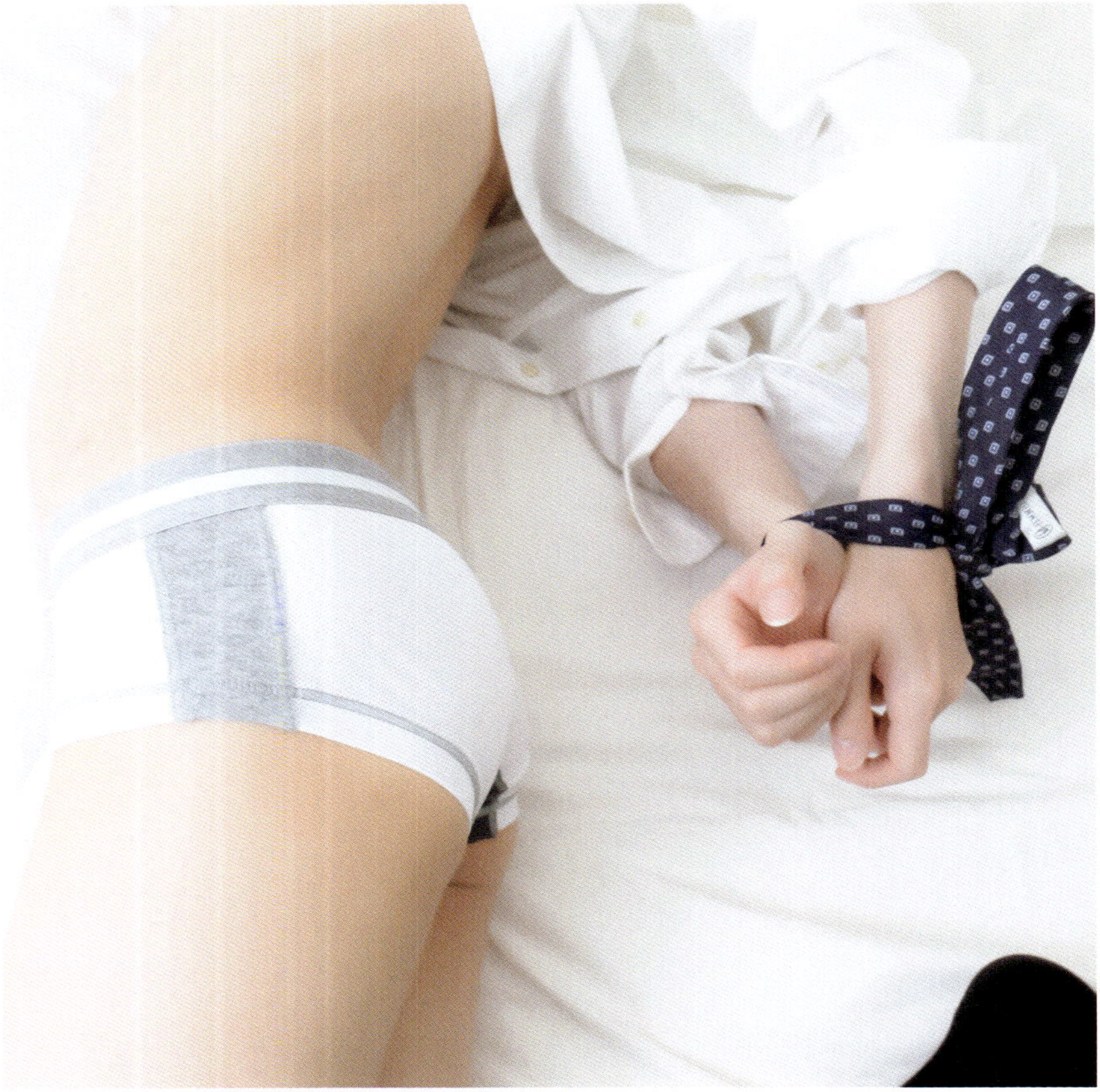

第4回

BLにおける受のオーガズム

あけましておめでとうございます！

季節感のない話題に事欠かないコラム、妄想資料室です。

前回の妄想資料室を書いたのが11月で、それから妄想ポーズ集の第二弾が発売されたりサイン会をやらせていただいたりと色々書きたい事があるのに、これが掲載される頃はもう2月なんですね。

さて今回は「BLにおける受のオーガズム」についてです。お正月のTwitterで話題になった「甘イキ」の話をしようと思います。

「甘イキ」は「性感帯を責められて軽くイキかける」状態の事で、元は男性向けのエロ漫画で使われていたワードです。

よくあるシチュとしては「焦《じ》らされる・我慢しようとする」人に対して

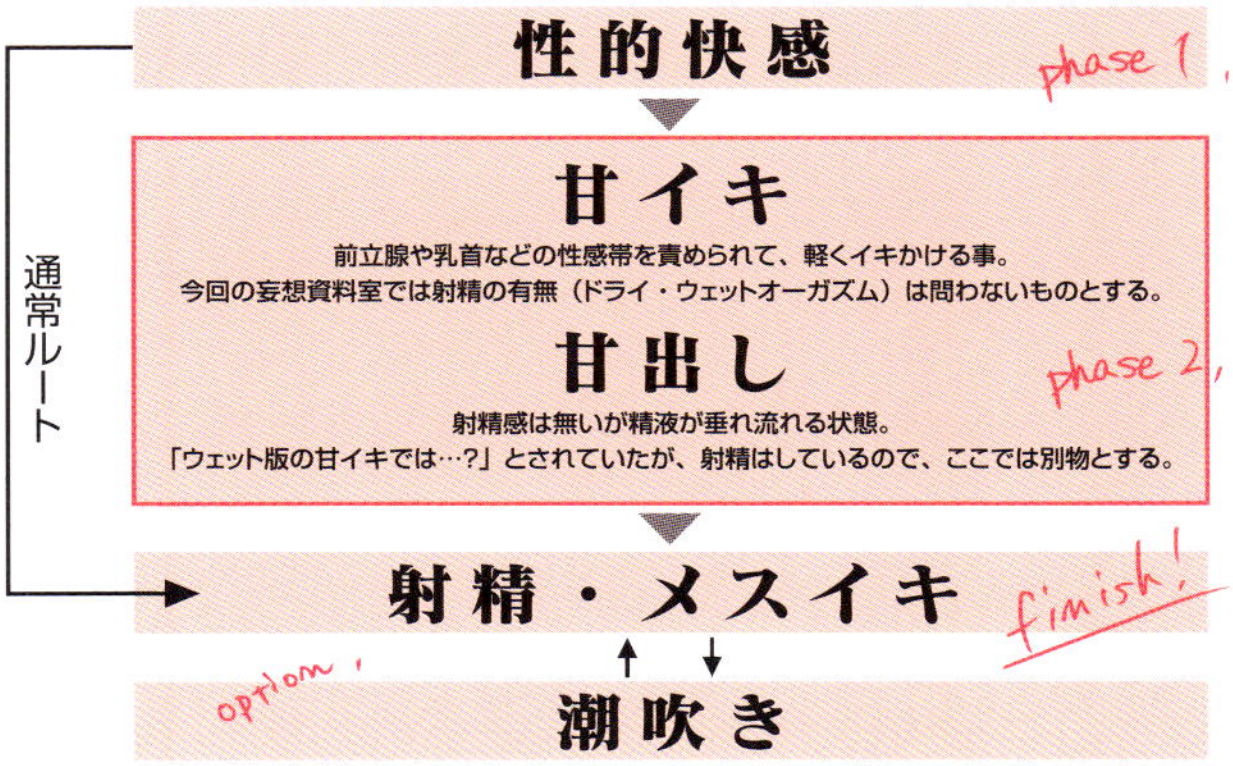

「我慢してるみたいだけど、今甘イキしただろ」と軽い言葉責めのように使います。攻やビッチ受視点の言葉な気がする。

責める場所は今まで男性向けで使われていただけあってちんちん以外を責められた時のイメージが強い気がします。あくまで僕視点ですが。

ただ一つ問題があって、今まで男性向けエロで使われていたせいで、男に置き換えると「射精しかける（ウェットオーガズム）」なのか、はたまた「メスイキ（射精を伴わないドライオーガズム）」なのか定義が曖昧《あいまい》なんです。

僕の感覚では「中を突かれてメスイキしかける＝甘イキ」なんですが、せっかくこれから使われていくであろう言葉ですから、今回は少し掘り下げて考えてみましょう。文字だとややこしいので上の図をごらんください。これは僕の考える「受のオーガズムフロー」です。大まかに三段階ありますね。

性的快感↓射精が一般的ですが、場合によって太枠線内の状態になります。

ここで「甘イキの定義を明確にできるのでは？」と対義語として話題に出てきたワードが「甘出し」です。

いつもなら飛び出るはずの精液が射精感がないままだらだらと垂れ流れて何回でもイケる＝甘イキのウェット版では？　という考えがあったのですが、射精しているので甘イキとは言いづらいですよね。状態は似てますがここでは別物とします。


そして終着点を射精orメスイキとしました。この前段階でイキかけるのはすべて「甘イキ」だと言っていいでしょう。ついでに「潮吹き」はイく前だったり後だったり色々あるのでオプションとしてつけました。

終着点とはいえど同一試合ですべてが起こる事もありえます。射精後に潮吹きしてその後メスイキし続ける。メスイキしてたけど潮吹きしだす。ひとしきりメスイキしたのちに射精が起こるetc.　射精とメスイキ両方って矛盾してるだろ！　と思いきや、抜かずの二発目で別のイキ方する事もあるんですよね、実際。

いかがでしたか？

ドライオーガズムとか潮吹きとかリアルで起きてるんだから男の神秘ですよね。

ドライといえば最近「性機能が未発達の男の子は射精が出来ず必然的にドライオーガズムになるから何度でもイケる」ってのを読んで「んなこたぁない」と思ったんですが、考えてみれば僕も少年期で射精感がわからないから休み休み何度もしてましたね。もっと楽しんでおけばよかった…。

さあ、なぜ今までBLに輸入されなかったのかというくらいのパワーワードたちをご紹介しました。

これでページが潤《うるお》いますね。

第5回

くすぐりについて

「くすぐりっていいっすよね……」と珍しく担当の熊Gさんからline
が届いた。

くすぐりはただのスキンシップだけど一部にはそれをフェチとする人が
いて、病院の椅子に縛られてくすぐられのたうちまわってるだけのAVが
あるほど。

あれ………これってゲイ向けのもあるのか……？　と調べてみるとあら
あら意外と出てくる……。

拘束されてるイケメンがさわさわされて軽く喘《あえ》いでるというソフトなも
の。

今回はそんなぬるいくすぐりで性感開発ができるという話。

どうせ乳首とかちんちんをくすぐるんでしょ、と思われるかもしれませ

んが今回ご紹介するのは「腰」です。
触れるか触れないかくらいの弱さで腰をくすぐることでドライオーガズムに達する「尾骨《びこつ》・仙骨《せんこつ》性感開発」という方法があって、女性版は「体外式ポルチオ性感」とか言われます。男女共に尾骶骨《びていこつ》〜腰の下の仙骨までを開発するんですね。
海外には「男の腰をくすぐるドライオーガズムセミナー」なんてのもあるのだそう。

とある海外の動画を見てみるとテーブルの上で仰向けになった男性が施術師に腰を撫でられ、体格に似合わない可愛い声で喘いでいる。これがくすぐりオーガズム……男性はしばらく喘いだ後も恍惚とした表情でうなだれてるしこれは気持ちよさそうだ。

せっかく知ったから調べて終わりじゃ意味が無い！ と自分もやってみる事に。自分はドライオーガズムの経験があるし、くすぐりに弱いし、妄想癖の強いM気質、条件はバッチリ。

でもこんなんでイけたらどこでもイけるじゃないか。不意に腰抱かれたらイっちゃうぞ……最高だな……。

早速仰向けになって腰を撫でてみる……やはり適性があるのかすぐに腰を反らすほどの快感に変わった。

感覚としては皮膚はスイッチのようなもので、腰を反らすって事自体が気持ちいいイメージ。

体に力が入らないのに腰に指が触れるだけでビクビク腰を反らしてしまう。その度にじわじわ甘い刺激が走る感じだ。

しかし、この状況を誰かに見られたら……と考えた瞬間快感はくすぐったさに変わった。

集中していないと全然気持ちよくならない。スイッチが入ってさえいればどこに触れても気持ちよくなるのに……。

どうやらこの手の行為に共通して言えるのは、エロい気分になろう！というメンタルが大事ということ。

その上で気が散らない様に部屋を整理整頓したり照明を暗くしたり、リラックスするためにお風呂に入ったり、誰もいない時にする等々セッティングが重要らしい。

やってみてもう一つ気付いたのは、自分が終わろうと思うまで快感が全然終わらないということ。

ドライ経験者と話してると「一人でしてると疲れ果てるまで続く」という意見も多く、準備から終わりまで結構な時間を要するのでいろんな意味で大変なプレイだと思う。

もし腰開発ＢＬがあったら会社で腰に手をあてられたら欲情したりするシーンとか、マッサージでイケたりするんだろうか。熱いな！

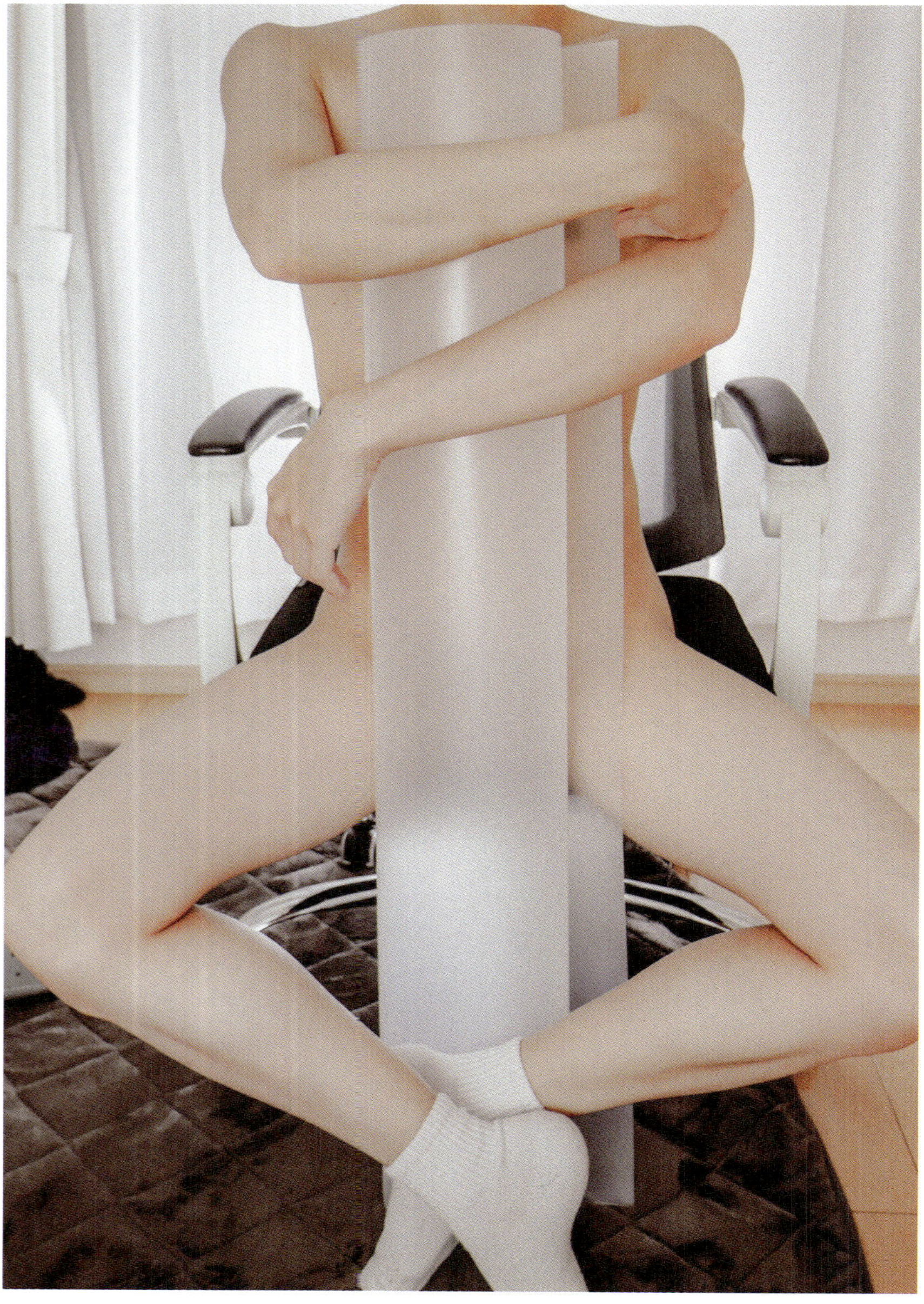

第6回

兜合《かぶとあ》わせ

入梅《にゅうばい》の候、皆様におかれましては変わらずご壮健のことと存じます。検索したらこれが出てきたんでコピペしときますね。みなさんお元気ですかね。

これを書いてる時は5月なんですけど、関東では28度超えて夏みたいな暑さなんですよ。これが出るのが5月末ですからもうじめっじめなんでしょうね、ここは一つ暑気払いに涼しくなるお話でもしようかなと思うんですが、皆さん「信じていたものに裏切られた時」ってゾッとしませんか？あんなに仲良しだった友達に恋人を寝取られたり、サイのツノは実は体毛だったり、兜合《かぶとあ》わせは実はあまり気持ちよいものでなかったり……。

今日はこの兜合わせのお話です。

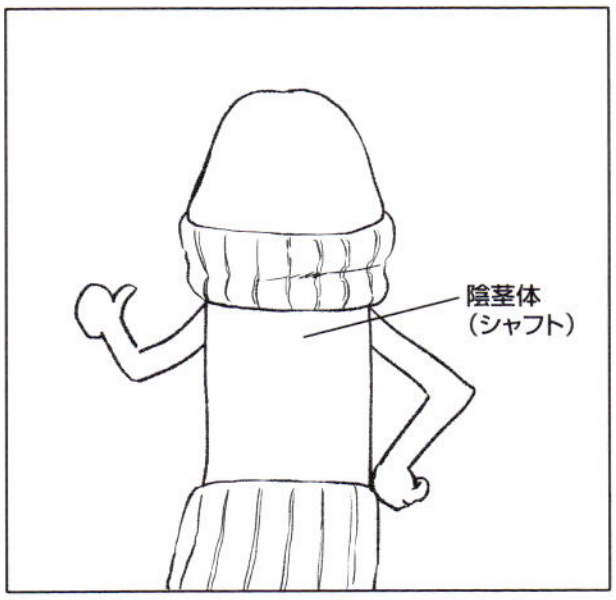

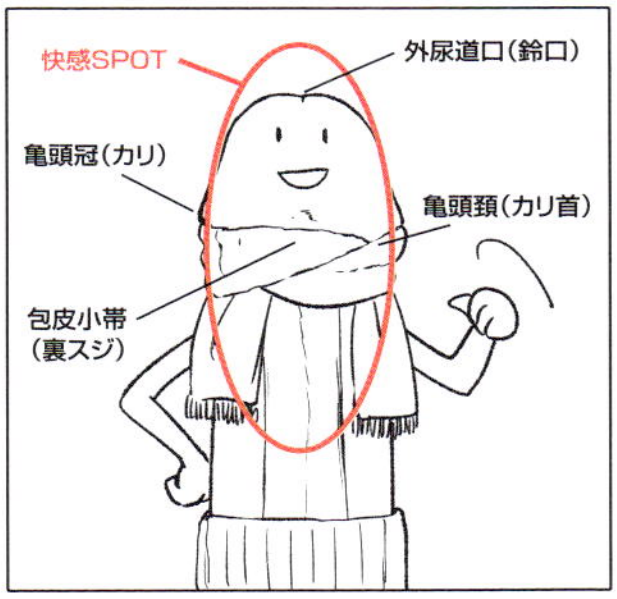

カット：スカーレット・ベリ子

兜合わせっていうのは男性の陰茎《いんけい》同士を合わせて扱《しご》くプレイのことを指しているのですが、「実際やるけどめちゃめちゃ気持ちいいわけではない」という人が多いんです。

これをこの間Twitterで話したところ「私が信じてきた兜とは……」「信じない」等ざわざわしてしまいまして。

今回はこの「兜合わせ」についてきちんとお話ししたいと思います。BLでもゲイビデオでもよく目にする光景ですし、実際にやったりします。画的にめっちゃエロいですもんね。

でも実際やると1分もやらないうちに次の体位に……そのまま抜き合いに……などあまり重要視されていなかったり。こうなってしまうのには理由があります。実は、兜合わせではちんちんの一番気持ちいい部分が触れないんです。

上の図をごらんください、このマルで囲んであるところが基本的に男性が快感を感じる部位です。

もちろん他の部位でも気持ちいいのですが、ここほどではありません。

なのに兜合わせではお互いの性器でこの一番気持ちいい部分が隠れてしまうんです。

だから快感を感じにくいんですね。お互いに快感を感じるためにはそのまま自分が動いて裏筋同士を刺激するように擦《す》るとか、他の性感帯を刺激するとかが必要なんです。

だからといって悪いわけでも間違いでもありません。

僕が言いたいのは今こそ「兜合わせはお互いの一番気持ちいいところを合わせている超ドエロい行為なはずなのに大きな快感が得られないもどかしさを楽しむプレイ」という認識を広めるべきだ！　ということなのです。

どうですか……また新しい扉が開けそうな気がしてきませんか……？

ちなみに事前にこの話をした相手と昨日やってみたのですが、認識を変えるだけでめっちゃ燃えましたし楽しかったですよ。

兜合わせは微妙と思ってる男性の皆さん、なんだ残念と思ってしまった女性の皆さん、一瞬でもその気持ちにさせてゴメンなさい。

これからはもどかしさを味わうプレイでいきましょう。

第7回

童貞拗《こじ》らせ男子愛

毎度おなじみ、ゆきずり男とのセックスの話しかしていないコラム「妄想資料室」です。

カラーページは雰囲気が違いますね、なんとも清々《すがすが》しい気分。

梅雨もそろそろ明けてきましたし、爽やかで透明感ある初夏を思い浮かべてエアドール男子のお話でもしましょうか。

エアドールとは……ビニール製のドールでホールなどを装着して使用するいわゆるダッチワイフ。通称「空気嫁」。Amazonなどで二～三千円で購入可能。

エアドールを使ってる男の子が死ぬほど好きなんです。一人エッチしてる男の子もすごく好きなんですけど、その中でもエアドール相手に腰振ってる若干の切なさみたいなのが大好き。数年前から叫び続けてるけど誰にもわかってもらえないから、カラーページ使って説明しますね。この仕事してよかった。

まずエアドールを買うのはどういう子なのかというと紛れもなく「童貞拗《こじ》らせ男子」「性的好奇心旺盛すぎるアホ男子」or「アダルトグッズで一人エッチ大好き系拗らせ男子」もう一つは「使っている子を見るのが好きで自分も手を出した……」というタイプ。これは「xtu○be」とか動画配信サイトで見かけてハマって終《つい》にって事ですね。自分自身に興奮するタイプなのできっと動画配信するはず。

TENGAとか買うのとは違って「買ったら男として負け」な雰囲気が漂っているのにそれを超える欲望でエアドールに辿り着き、自分で膨らませて毎回オナホをセットして後片付けして……という切なさがたまらないですよね。

BL的には、抑えきれないあいつへの思いが爆発して勢い余って購入したドールにいろいろぶつけてたら可愛い。誰も描かないから俺が偉い人になったらエアドール男子アンソロジーを作りたいんですが新書館さんどう

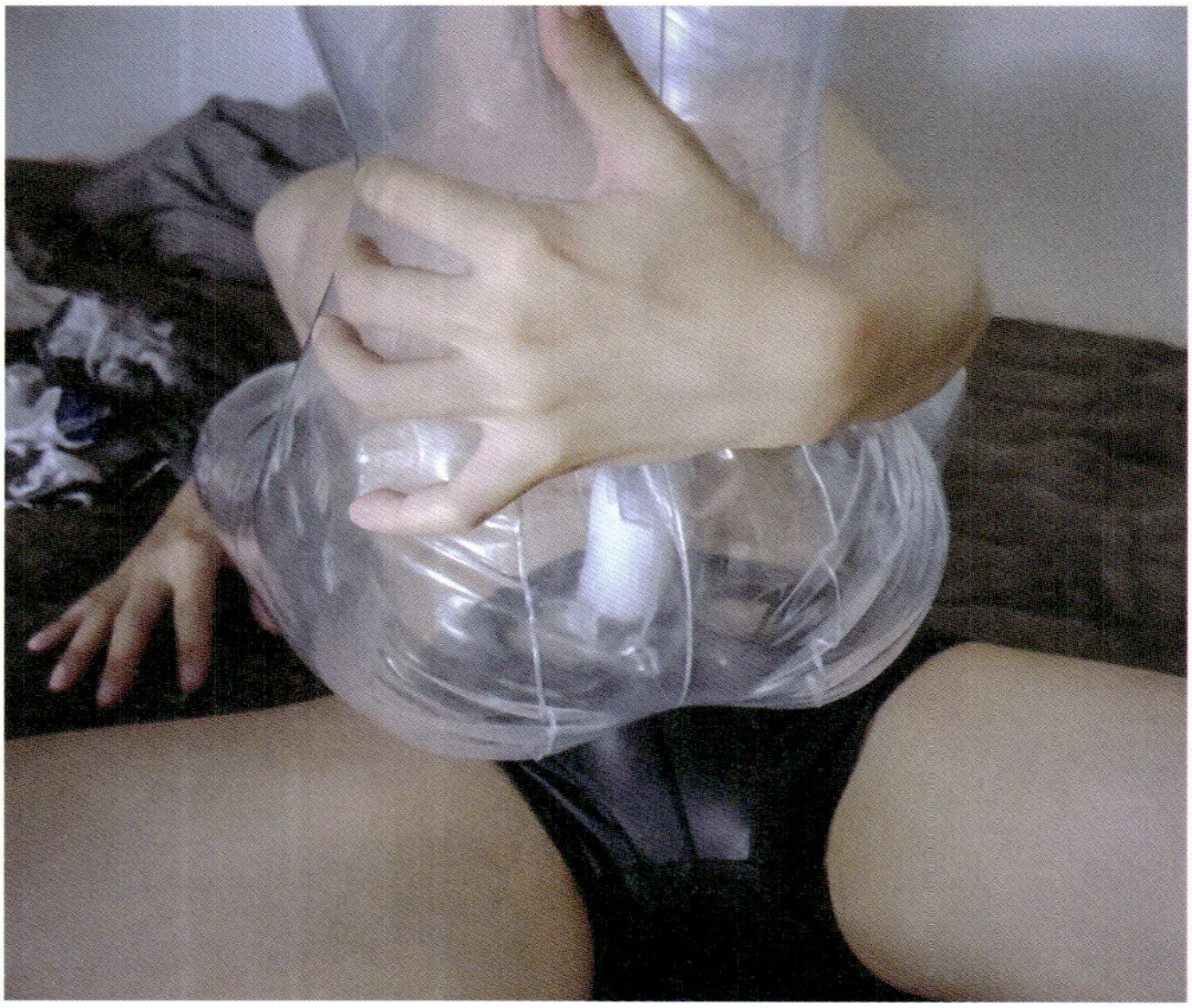

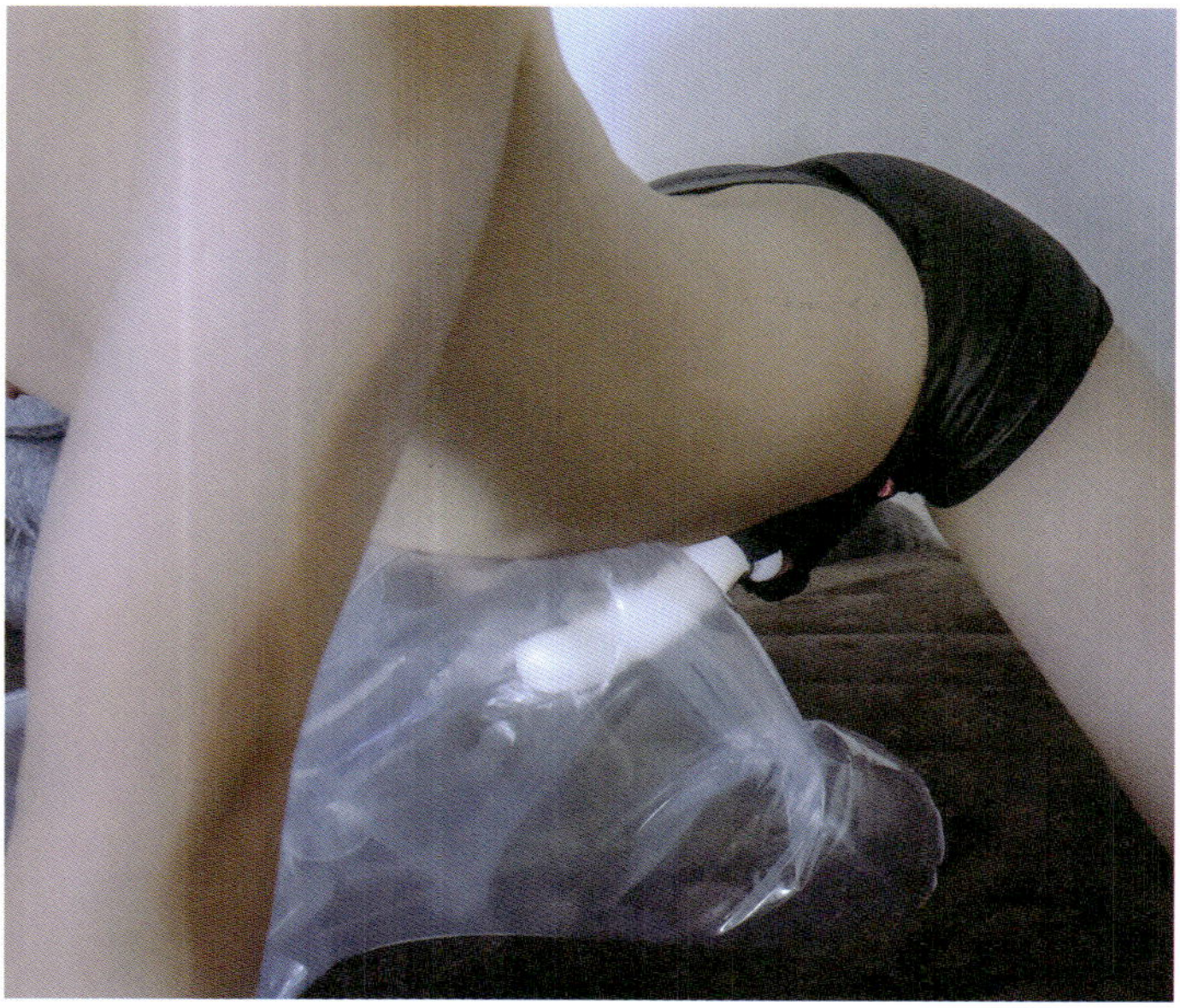

でしょうか。（出ませんでした。２０１９年10月）

第8回
撮影フェチの話

秋の気配も次第に濃くなり、穏やかな好季節となってきました。皆様、心のご子息お変わりございませんか。

7月に写真集「Licht《リヒト》」が発売となり、8月には新書館主催で記念写真展を開催していただきました。国内外からたくさんの方に足を運んでいただきましたこと、この場を借りて御礼申し上げます。

さて、そんな写真活動をしているとよく「撮影中は興奮するんでしょうか?」「勃《た》っちゃったりしないんですか?」と言う質問を頂きます。

僕は実はあまり興奮はしないんです。ただ冷静な気持ちでは撮れないものだったりするのでたまに色々とあれがこれでごにょごにょ……。

実はフェチ界隈でもこの「撮影フェチ」が多いんです。

要は「見られ好き」な人達の事ですね。一昔前は変態おっさんの趣味と見られがちでしたが、実は若い男子にも多い。

スマホがあれば高画質の写真も動画も撮れて、さらにネット上にアップも出来てしまう時代ですから、このフェチが増えるのも当然。

普段写真を撮るだけでもちょっと恥ずかしいのに、裸に近い状態から全裸から、動画で恥ずかしい喘ぎ声まで撮られていたり。

撮られる側はネットにアップされたら……とか相手に弱みを握られる事で快楽を感じたり、あとで見てみると自分がＡＶに出演しているかのような性的倒錯感にはまってしまったり。

よく考えると軽いＳＭと似たような感じですね。

撮る側も「今日はこいつ食いました」みたいな記録にしてるタイプの野郎もいるし。最低だけどそのクズ加減はきらいじゃない。

僕もある時からスマホで撮り始めたのですが、容量が大きいのでクラウド上で管理していました。枚数もたくさんあると大変だし、手持ちのiPodとかiPhoneに自動共有されてすごく便利！

エロ抜きでも便利だし画面も綺麗だし動画も見れるし、うちの親も「欲しい」って言うからお下がりにあげたんですよiPod touch。

クラウドにつながったおさがりのiPod……もうオチはわかりますよね。
家族会議は開かれずただ一言「えっちな写真が増えていくの……」と言われました。

雲あれば用心し傘を持たねば降られる……とアホ男子は一つ悟りを開き、雨は降ったけど地は固まりませんでした。
お母さんゴメンなさい今あれが仕事になってます。

第9回

クリスマスのホテルの話

野菜高騰で去年白菜高かったのに今年もかよ!! 今年の5月に平均相場1kg350円（アホみたいに高い）だったのが落ち着いて今また高騰ですってよ。このままだとまた高くなるから、鍋食うなら今のうちだね!!

冬服も年々ボロくなっていくし、暖房機器は壊れるし、保証期間ギリギリで修理に出したiPhoneも保証期間終わった瞬間にまた壊れたり。

修理に出してすぐ壊れるともう人を信用できなくなるもので、痺れを切らして自分でパーツ取り寄せて修理してみました。

緊張しすぎて何時間もかかったから、もう二度とやりたくないと思った。

普段使えるはずのものが使えないって本当に不便。とくに今回はイヤホンジャックがダメになってたのでそれはもう大変でした、寝ながらこっそりエロ動画とか見れないし。

でも直ってよかった。努力は実ります。

使えるはずなのに使えないといえば。

クリスマス前後の時期っていうのは一年で最もラブホ利用率が上がって終日満室なんてこともあるんですって。

僕のように男同士だとそれ以上の問題があるんです。それが多くのラブホテルが「同性入場禁止」ということ。

ラブホ検索大手「ハッピーホテル」で調べたところ、現在東京のラブホの数は662軒、そのうち「同性利用可(男性)」でヒットするのは70軒だけ。

いや、それでもネットでそんな良心的なホテルがスマホで見つかるなんていい時代……なんて思ったら大間違い!!

僕はここで検索したホテルに行ったら「すみませんが男性二名でのご利用は……」とあの穴から言われたことがあります。

いやいやＨＰに書いてあるでしょ！　と言っても「無理です」の一点張り。

すごくいい雰囲気だったのに後味の悪い一日になってしまいました。

その辺に転がってる穴より綺麗だと思うんだけど、伝わらなかった。

最近では見分けるために電話をして確認しています。電話だと嘘付かれない。

なので場所無しカップルはちょっと高いけど普通のホテルに泊まることをお勧めします。

今年最後のコラムがこれか……みなさま良いお年を。

第10回

幸福ホルモンとオチチトチン

明けましておめでとうございます。

みなさまどんなお正月を過ごされましたか？　僕は年末からの胃腸炎で完璧に寝正月でした。

食欲はあったんだけどとにかく熱と胃痛がひどくて、お酒も飲めないし何にも楽しくなかったです。


そしてハタチの皆さまはご成人おめでとうございます！


成人するとやらしいお店にも堂々と入れるわけですが、僕も成人式を控えた正月に都内のやらしい店に姫初めに行ったのを覚えてます。

「こんな正月から人なんかいないだろーなー……」と店に入るとまさかの大盛況。まとまった休みが取れる正月だからこそ人が集まるのかもしれないですね。

普段エッチする暇もない忙しい人は誰かに甘えてストレス発散したいのかも…。

セックスしたり乳首を刺激するとオキシトシンという「幸福愛情ホルモン」が脳下垂体から分泌されるのでストレスの多い人には良い効果があるんですって。

つまりエッチする暇もない忙しい人のストレス解消法は「元旦にやらしい店で乳首を刺激しながらセックスする」が最強ってこと。

会社や学校で「あら、いつもより元気そう……」って人がいたら正月にオキシトシン出しまくったのかもしれないですね。

ちなみにいやらしい店に行けない人でもオキシトシンを分泌する方法はあって、感情表現をする、親切とおもいやりを大事にする、犬とのスキンシップなどがあるそうです。

つまり独り身の方のストレス解消法は「犬に気を使いながら感情むき出しスキンシップ」が最強です。犬飼ってない人が出来るのが「感情をむき出しにする」くらいなのめっちゃ泣ける。
僕も独り身なので今年も感情をむき出しにしてオチチトチン出していきたいと思います。

良き一年となりますます様に。

第11回

私の近況報告

4月！　これが発売される頃には早い地域では桜の花も多分咲きそろい（ミ●ネ屋で言ってた）心躍《おど》る頃となりました。皆様いかがお過ごしでしょうか。新社会人や新入生の皆様、おめでたいのは今だけですよ。

僕は男の裸ばっかり撮る写真家として本や作品を作っているのですが、とうとう家族にバレて家庭内新社会（的に殺された）人と相成りました。

差し入れの米５ｋｇの中に僕宛てに書かれた手紙が入ってたんです。日常に潜《ひそ》む罠ですね。

僕のことを知っている人間が家の中に出来てしまったわけで、平穏な日常が音を立て崩れ堕ちたわけで、誠意って何かね……と考えた結果、この春、家を出ることにしました。

僕、親にはカミングアウトしていたし、この仕事に後ろめたい事は一つもないんですよ。

なのに「実は何年経っても受け入れられなくて……」みたいな話も浮き彫りになってきて、もーほんとめんどくさい！　そもそも家族だろうが他人のセクシャリティ関係ないでしょ！

あまりのショッキングな事件に勢い余って出家しそうになったんですが、夫の教え子と不倫関係になった末に家族に縁切られた尼僧《にそう》さんの事を思い出して、ギリ家出にとどまりました。

ありがとう瀬戸内寂聴《せとうちじゃくちょう》さん。


ところで出家って何かと調べてみたら「俗世を捨てお坊さんになる事」なんですって。

安心できる家庭から離れて社会との接点もほとんど無くて、最近いろんな欲が減退気味だし、なんか胃が痛い。

もうどこか出血してんじゃねぇだろうか。

孫の顔見るのが老人の幸せ！　みたいな考え方そろそろやめない？
アイボでも飼ったらいいじゃん。いいぞアイボ、うんこしないし。
宜保愛子《ぎぼあいこ》さんだってアイボ飼ってたんだからな。

ちなみにセクシャルマイノリティとの正しい付き合い方は「ほっとく」が大正解ですよ。
こういう話をアラフィフ向けの雑誌に書きたいんだけどどうしたらいいんだろう。
でも読んだところで「うちは大丈夫」って思っちゃうんだろうなー……。

まあなんつーか新成人の皆さんも何か壊れちゃった皆さんも自暴自棄にならず春爛漫《はるらんまん》を満喫なさって、ご活躍のほど祈り上げます。
僕も手始めに瀬戸内寂聴さんの法話のモノマネをする清水《しみず》ミチコかトミカ博《はく》でも見に行こうと思います。

米くれた子は気にしないでね、もうみんな笑ってるから大丈夫。

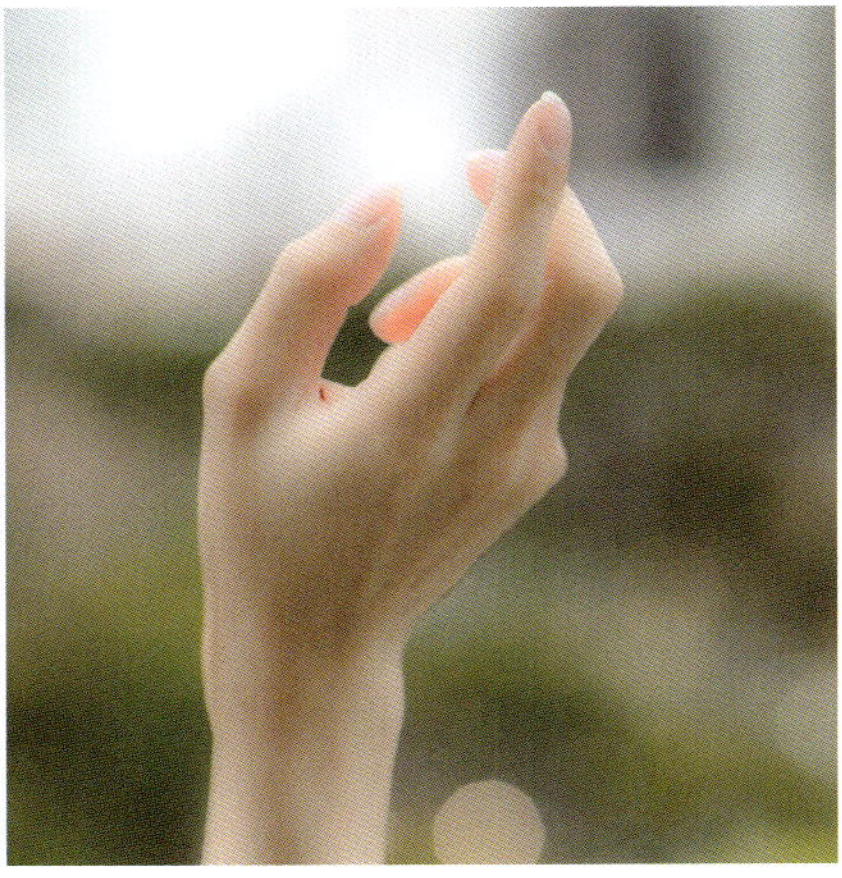

第12回

写真集と写真展の話

今年も半分終わっちゃって、これが出る頃には梅雨入りですね。

先月号で話した引っ越し（家族に仕事がバレて夜逃げした）は予告通りに行われまして新居は小さな事務所として機能してます。

相変わらず買い物が苦手で３ヵ月経った今でもうちには洗濯機がありません。

早く洗濯乾燥機を買わないと着る服がなくなってしまう……。

「服を着る」といえば、５月に着衣メインの写真の本『Fake it』が発売されました。

前作『Licht』の「裸、屋内、自撮り」とは真逆で「着衣、屋外、他撮」という実験的な作品です。

制作前、担当の熊Gさんからは「アイドル感」という宿題が出されました。「えっ、無理です……アイドル感ってなんすか…」と聞くと「着衣であればなんでも……」

ってそれ俺のアイデンティティが崩壊しちゃうんですけど!?

えーこの人何考えてんだろ……と思ったのですが、新しいものにはいつだって化学反応が必要です。

先《ま》ずこの宿題をクリアするには僕以外の人に作ってもらう必要がありました。

そもそも僕の中にアイドル感の引き出しがないんです。「そんなの本屋さんにあるじゃん!」って思ってたし。

でも周囲の反応を見るうちにどうも「いっつも裸の人が服きてるのがエロい」ということに気づき、「あ、それならできるわ」という感じで悩まず制作できました。

確かにスーツの男とかユニフォームの男ってエロい。

脱がなくても仕事ができたらできること広がるし。


「勘違い野郎がアイドルぶりやがって」というのを懸念していたのですが、世間の反応は僕の思っている程捻くれていませんでした。

というわけで撮影に行ったのですがこれがまた過酷な3日間で……これはまた別でお話しします。


そしてそして！　それを提げて全国6都市で2ヵ月半にわたる写真展ツアーを開催します!!!

読者の皆様と同じ空間を味わえる唯一の場所なので僕は写真展が大好きなのですが、いつも遠方から東京まで来てくださる方にどうにか恩返しをしたいと思い、今回札幌、仙台、渋谷、神戸、大阪、福岡でも開催となりました。

販売の写真もたくさん用意したので、お気に入りの写真をお手にとっていただければ嬉しいです。

色々と小さかった少年が10年目にしてやっと服きました。
まだやりたいことあるので、まだやりますよ。

第13回

「Fake it」の話

9月号！　日増しに秋の深まりを感じる今日この頃、いかがお過ごしでしょうか。

僕は7月の半ばにこのコラムを書いてるのでジメジメした暑さに夏バテ真っ最中です……。

前回お話しした「Fake it展」は順調に進んで五、六都市目の大阪と札幌で開催となりました。

今までずっと東京での開催だったので、こちらからご挨拶できるのはすごく嬉しいです！

今回のイベントは内容が着衣メインだったので、本当にお客さんが来てくれるのか不安だったのですが、新書館、アニメイト、アニメガ、モモモグラの各店がいろんな企画や展示を考えてくださったおかげでどの会場も盛況だったようです。安心。

アニメガさんでは「銀袋に入った商品を引き剥がしてパネル写真を裸に剥く」という不安要素しかない商品を作っていただいたのですが、これも大好評だったそうで、何事もやってみないとわからないものだなぁ……と改めて気付かされました。

そもそも僕の作るものも大体そうで「とりあえずやってみて完成しないとわかんないや」という企画ばかり。

「Fake it」は作り方がいつもと違っていて、僕以外の人にほとんどの作業をお任せしていたので特にそんな感じでした。

中でも屋外での撮影は過去最高レベルの過酷さで、まだ風が冷たい3月の早朝、川沿いで半裸になったり尻を出して首輪でつながれなかなかOKをもらえなかったりとか……東京駅の広場で飛び回ったり、ハスキーの被

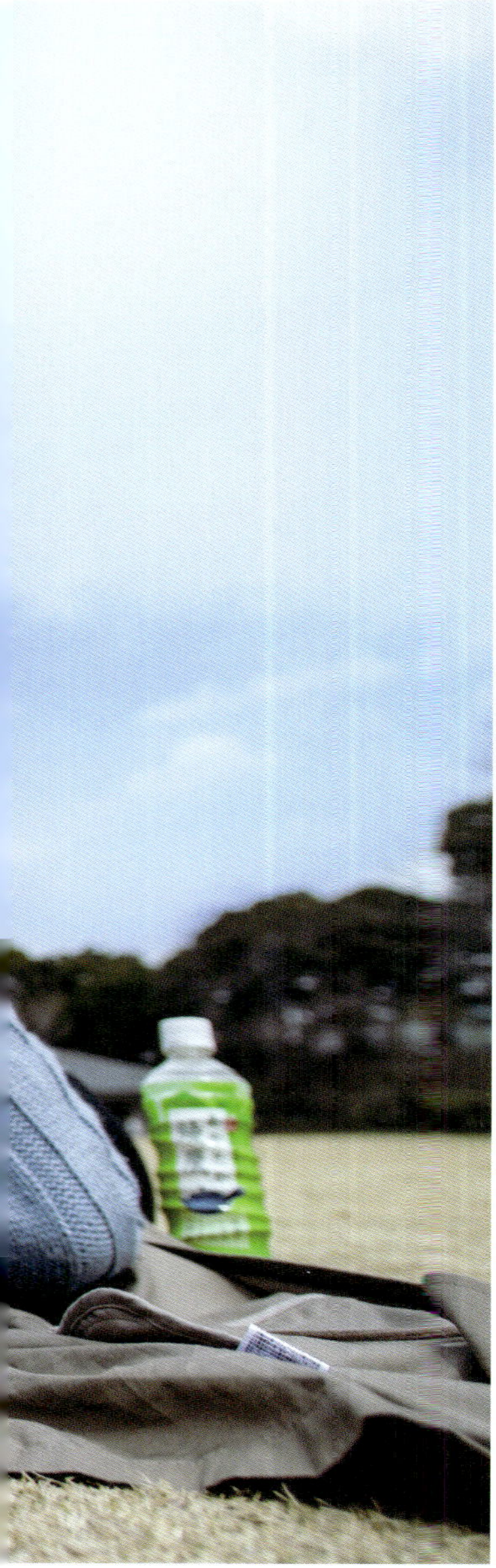

り物で丸の内をスキップしたり、警備員に睨《にら》まれたり、老夫婦に何かのイベントと間違われて手を振られたりとか……（使われてなかった）。

普段僕はスタジオで1日かけて撮影するのですが、今回は「3日間外を練り歩いてピンときたとこで撮影！」「思いついたから明日ホテル取ってそこで撮影しよう！」と大変アグレッシブな撮影で、終わってから即風邪をひきました。

次はもう少し暖かい季節に撮ろう。

第14回

私の近況報告2

寒いっすね、11月の妄想資料室です。

少し前の号の話はどうなったか、という報告をいくつかしたいなと思うのですが、

まず9月号でお話ししていた「Fake it」写真展は追加公演の名古屋も含め無事に終わりました！

たくさんの方にご来場いただけて、いろんな地域の方にご挨拶できてうれしかったです。

そのまた前の5月号の「家族に仕事（ヌードモデル&エロ写真家）がバレて家を出た」という話ですが、3月から暮らしていた自宅兼事務所、元から治安の悪い地域だったこともあってか不審者が相次いでしまい、オートロックは突破する、部屋の前に居座る、ベランダから写真を撮られる

etc……という散々な目にあったので、半年目にして引越しをしました。早かった……そもそも1Kで25000円なんて夢のような物件を信じる方がバカだったのだ……。

一年に二回の引越しと不審者の件もあってストレス過多だったのですが、どうにか生きてます。

楽しく過ごしたいなと思ってTwitterを更新してたら「すず屋。さん最近幸せそうですけど無理してませんか。心配です。」と言われました。

こっちは実家住めなくなって不審者に追い回されて引っ越しに数十万かかってんだぞこの野郎!!! と言いたくなったのですが、言いません。

そのおかげで「ひょんなトラブルからワンルームで男と数ヵ月同棲ー☆」という少女漫画みたいな貴重な経験もできたので、それを糧《かて》に生きていこうと思います。

ちなみにその期間中は精神が落ち込みすぎて、エッチな雰囲気になってもいくら頑張ってもイけない……なんてことがありました。

調べてみると、強いストレスを受けたことによる一時的な射精障害だったようです。

射精障害っていうのは、問題なくちんちんは勃《た》つんだけど、早漏、遅漏、挿入中だとイけないとかそういう状態のこと。

精神と肉体ってちゃんと結びついてるんだなーっていうのを思い知らされました。今はもう大丈夫なのでご心配なく。

みんな体の健康ばかり気にしているけど、心の健康もぜひ保ってほしいですね……。

寒くなってくると季節性情動障害、通称「冬季うつ」になりやすく、特に女性はかかりやすいそうです。

これから季節の変わり目に入りますので、ぜひみなさんご自愛くださいね！

第15回

五感とＡＳＭＲの話

２０１８年もおつかれ様でした。今年最後の妄想資料室です！

今年もなんとか根性でコラム連載継続できました、ありがとうございます。

これが出るのは11月、だけど1月号という事で……あけましておめでとうございます！　念のため！

水が冷たくて洗い物が嫌になる季節ですが、僕は今年の春に家出して先月号で引っ越しをして買うタイミングを逃してた洗濯機とコタツを購入しました。

これでみかん食いながらぬくぬく作業するんだ……どういう事になるかなんて分かりきってるけど見て見ぬ振りする事にしよう……目隠しプレイだ……。

五感のどれかを遮断されると他の感覚が敏感になるって意味で目隠しプレイが有るんですけど、どうもこれがダメなタイプの人がいるらしくて、昨日パンチパーマの兄ちゃんとやったんですけど「これはだめだなぁ……」って寂しそうに言ってました。

相手にどこを触られるかわからないって興奮もあるんだけど、相手を見て興奮するタイプの人には効かないんだってよ。

五感つながりで、最近はASMR《エイエスエムアール》がアツいそうで。

ASMRっていうのは立体音響（バイノーラル）で「まるで自分がそこにいるかのような錯覚をしつつ、気持ちのいい音を聞かされる（場合によって性的な興奮を得る）」っていうイヤホンとかヘッドホンで楽しむ動画とか音声のことなんだけど、これが海外で流行っててYouTubeでひたすら咀嚼《そしゃく》音をライブ配信したりする外人がいて、すげぇ時代だな……と思った。

でも、よく考えたら声優さんがいろんな事をしてくれるバイノーラルＣＤは一年前からあったし、日本の方が流行るのは早かったかもしんない。こういうの日本のお家芸的なとこあるもんね。

監獄で囚人とエッチな事したり、双子に両サイドから迫られたり、酔った勢いでエッチしちゃって気まずくなったり……色々あるんだけど、一つ弱点があって前後左右の動きは面白いけど上下の表現が若干弱くて、乳首なのか口なのかちんこなのかどこ舐めてるのかわからないこと。

ＶＲコンテンツと合わせて面白いのがもっと出てきたらいいんだけどな。

「ＶＲ阿●寛（バイノーラル）」とかあったら即買うんだけど。

第16回

正月太りとEDの話

浅春の折、心のご子息もお元気でご活躍のことと存じます。

1月に出る3月号の妄想資料室です。皆さん年末年始いかがお過ごしでしたか？

僕は普段から引きこもり気味なので、色んな人と会ってお酒を飲んでみたり経験の無い過ごし方をしてみました。

楽しんだツケもしっかり回ってくるわけですが、そろそろ気になってきませんか……お腹周りが……。

「最近太ったんじゃねえの〜？」と腹を掴んで立ちバックされたのが若干トラウマな自分。

もし脱いであれこれ言われたら……腹の肉付きですず屋。って気付いて住所とかバラされたら……。

悩みがあると、どうしてもエロい気分になれないんですよね。拗らせるとEDになっちゃったり。

EDってのは勃起不全のことでつまりちんちんが勃《た》たなくなっちゃう病気で「おじさんの悩みでしょ?」と思いがちだけど、16歳の時に心因性のEDなったことあるんですよ。辛かったな、何時間しごいてもぜんっぜん気持ち良くないの。

それから何年か周期でそういうことがあって、これも経験だろうと先日、勃起薬の専門クリニックに行ってみたんですよ。

恥ずかしいし俺みたいなガキ、断られないかな……とドキドキしながら行ってみると年末なのに結構な客入り。

「やっぱり挿れる側の人は失敗したくないよね……」妙に納得しながら診察室に入ると、男の先生が「今日はどちらですか?」と写真付きのお品書きを見せてくる。

予想の上をいくやばい雰囲気……と思いながら「これ……」と指差して

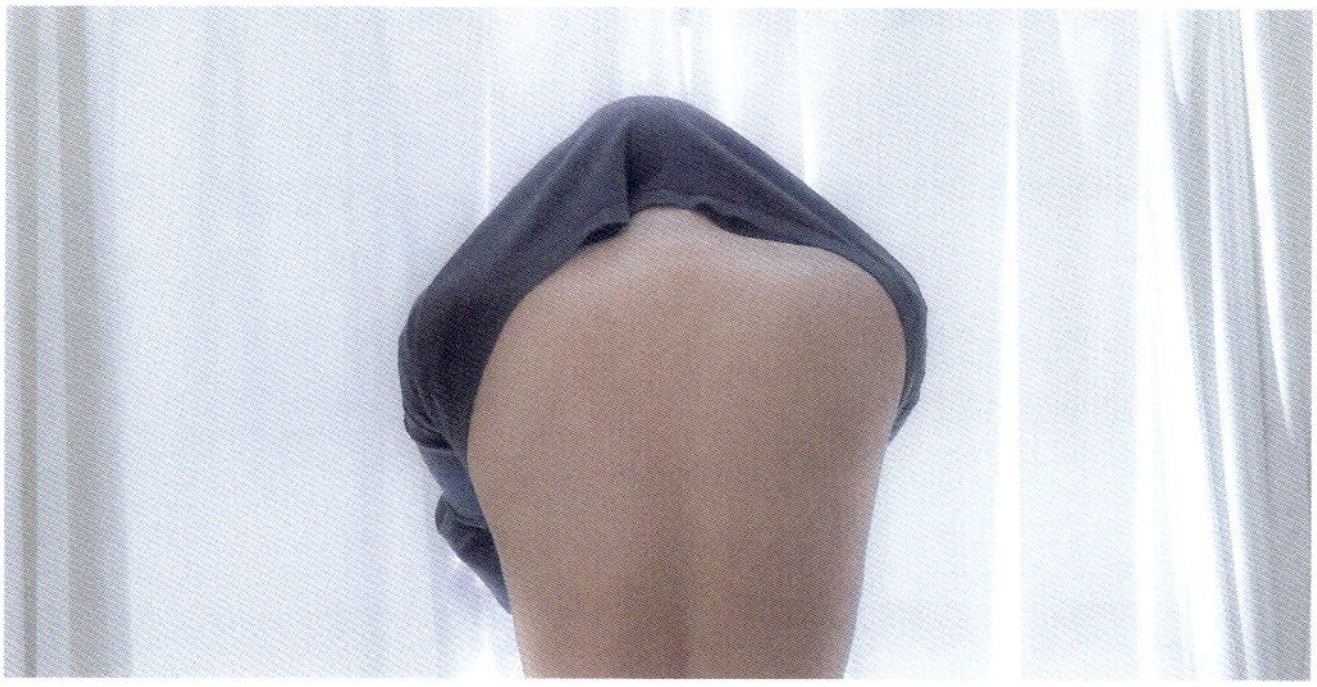

「アレルギーや喘息《ぜんそく》は?」と質問に何個か答えると1、2分で「はいどうぞ」と拍子抜けするくらいの超スピードで処方されてしまった。すごい……あのスピードなら1日に何人も捌けて人手も要らないし、需要があるから儲かり続ける。すごいぞEDビジネス。

ちなみに薄毛治療の薬もあって、法律は守ってるんだろうけど、闇医者ってこういう感じなのかなって思った。

新宿から渋谷に着く頃には効いてきた様で、少し触られるだけでもちゃんと勃ったから医療ってすごいなと思った。

受が勃《た》ってないと「あれ、気持ち良く無いかな……?」って心配されたりするし、勃ってる方が前立腺の感度が上がるのでありがたい。

効果は30時間程度なんだけど、性的な刺激がないとダメなので漫画みたいに勃《た》ちっぱなしってことは無いらしい。

じゃずっと性的な刺激があったら……いや、痛くなるだろうな。

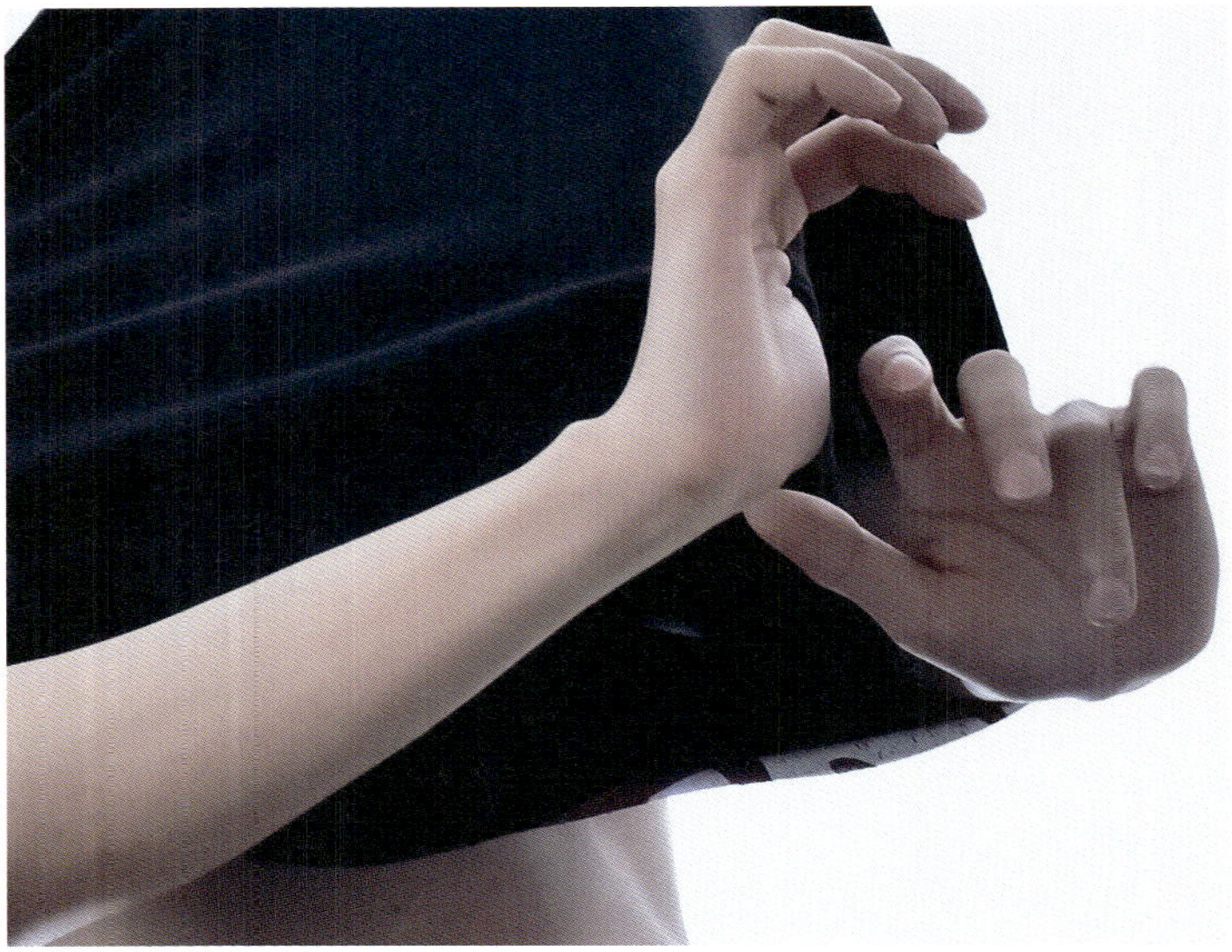

第17回

花粉と税金と教室の話

花粉が最悪の季節ですね。

何で人類がシダ植物の交配に巻き込まれなきゃいけないんだろうって思ってたら、あのアレルギーって排気ガスと同時に体内に入ると発症するんですって。人間のせいなんですって。

車にも乗らない俺はいったいどこにこの怒りをぶつければいいのかと思いつつ、確定申告を終わらせるために役所と年金事務所に行ってきたんですが、住民税と健康保険とその他払い忘れがあったそうで、ドン引きするくらいの額をその場でぶんどられてきました。

なぜ生きてるだけでこんなにお金取られなければいけないのか。僕悪いことしました……？　お役所に石投げたり、嫌いな上司のコーヒーにその辺の塵《ちり》混ぜたりしました……？　この怒りをどこにぶつければいいのかと

思ったんだけどそもそも払い忘れる俺がが悪いんですね。そうですね。

花粉っていわば精子なんですが実は「人の精子アレルギー」ってのもあるんです。男女共に発症は極稀《ごくまれ》なのですが、ひどい場合は過敏反応で意識を失ったり……受側がそれを防ぐ方法は避妊具の正しい使用しかないそうです。

うーん子供を希望する男女カップルさんだとこれは大変だなぁ……コンドームによく使われるラテックスアレルギーとかも聞いたことあるし、前触れもなくセックスの壁ができてしまうっていうのはなんとも辛い話ですね……。

さて久々のツイッターバズったシリーズからの話題なのですが「教室で仕込んだローターを遠隔操作するっていうエロ漫画にありがちなシチュエーション、実は音でバレる説」。

最近だと「静音ローター」っていうのがあってすごく小型化してたりす

るんですが、よく考えたら教室内だとスマホのバイブ音とかもバレるし、一番弱い力にしてもお腹のナカに入ってても音って案外外に漏れますよ！

ちなみに僕がやった時はバレませんでした。

男だから、バレませんでした。

そもそもお前は学校で何してんだよって話なので新一年生の皆様、漫画のようにうまくはいかないので学校で性的な行為はやらないほうが身のためです。そういうのはそのスジの漫画家さんに任せておきましょう。

ところでキヅナツキ先生の「ギヴン」がノイタミナ初のＢＬ作品としてアニメ化決定したそうですよ。すごい。担当さん、何かの手違いですず屋もテレビさいたまとかでアニメ化しましょうよ。

第18回

記憶と香りの話

初春の令月《れいげつ》にして気淑《きよ》く風和《やわら》ぎ梅は鏡前の粉を披《ひら》き蘭は珮後《はいご》の香を薫《くゆ》す、で令和《れいわ》。

香と情景がイメージされる感じでいいっすね。

そんな爽《さわ》やかな元号で迎えた一発目なんですけど全然爽やかじゃないタバコ絡みのシチュの話がしたいんですよ。

例えば片手にタバコ、片手で頭押さえながらフェラさせてるのとか「あーきもちいい、いきそう、あー最高……」ってしてるのとか、なんかもう性的で支配的で陶酔的で「快楽行動全部盛り」みたいなの、快楽に忠実な感じがしてすげー好き。

香りって視聴覚とは違って記憶と感情を処理する海馬と扁桃体ってのに

繋がってて、それぞれ喜怒哀楽や性行動や快楽の記憶と関係があるんです。
だからボンドの香りで図工室を思い出したりする。

で、ここで呼び覚まされるのが大体10代、20代の頃の肯定的な記憶なんですってよ。
10代でタバコの香りと快楽を植え付けられて20代はその記憶を辿りながら誰かに抱かれるのも美味《おい》しいし、30代になって香りで呼び覚まされた記憶から本能的にあいつが気になる……みたいなのも美味しいっすよね。

最近禁煙ブームとかアイコスとかが増えてそんなタイミングも無かったんだけど、たまたまそいつのヘアワックスとタバコの混ざった香りを嗅いだら……とか美味しい。

ちなみにこの香りと記憶の関わりは「プルースト効果（現象）」って呼ばれてます。
扁桃体は恐怖や痛みの記憶にも関連してるのでトラウマを植え付ける事

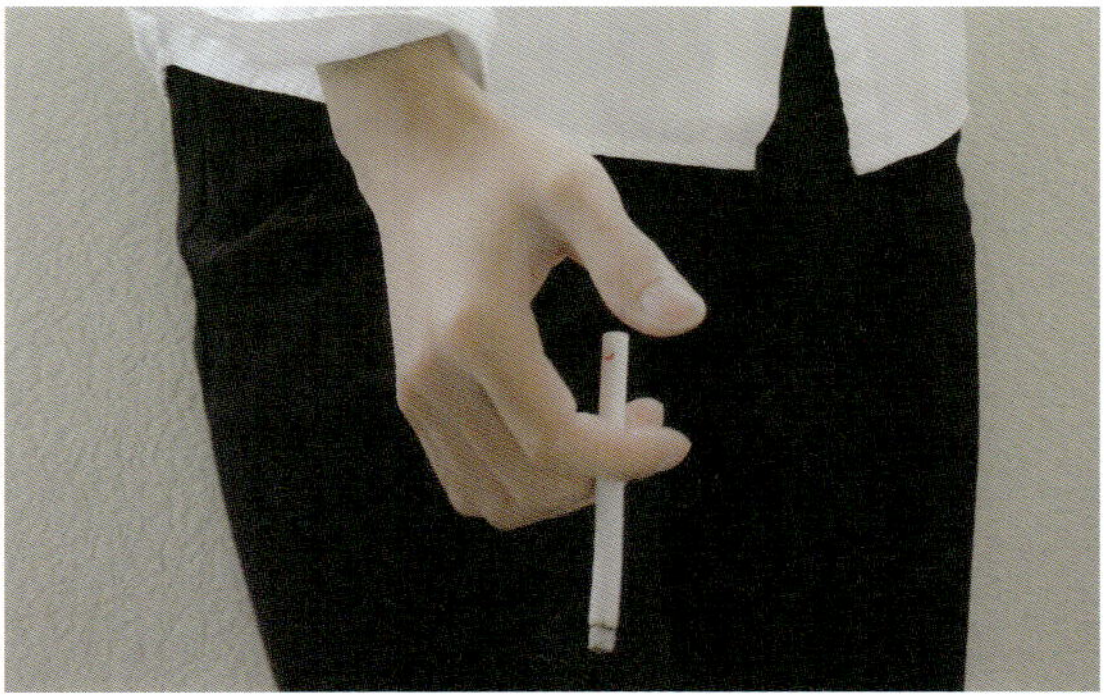

も可能なんですよね。かわいそうなのが好きな人は是非ネタにどうぞ。

ところでタバコってなんで吸うの？　って質問に「大人だから」ってよく返されるんですけど、香味を楽しむ他にニコチンと一酸化炭素で気分がふわっとする、その快楽を味わってるんですよ。でも本人はそれに気づいていない。

これも快楽物質と行動と香りの記憶が結びついてるから、止められないんですね。

知らず知らずのうちに快楽を求めてるとこが「大人だから」の答え合わせだと思うと大変エロエロしい。

年の差でたばこの吸い方教えたり、ちょっと悪い知識植え付けたり、エッチ終わりにタバコ吸いにキッチンに行っちゃう彼と離れたくないから、膝に乗って「俺にも」ってねだってみたりとかも好き。

同じ香りに包まれて第二ラウンドやれや。

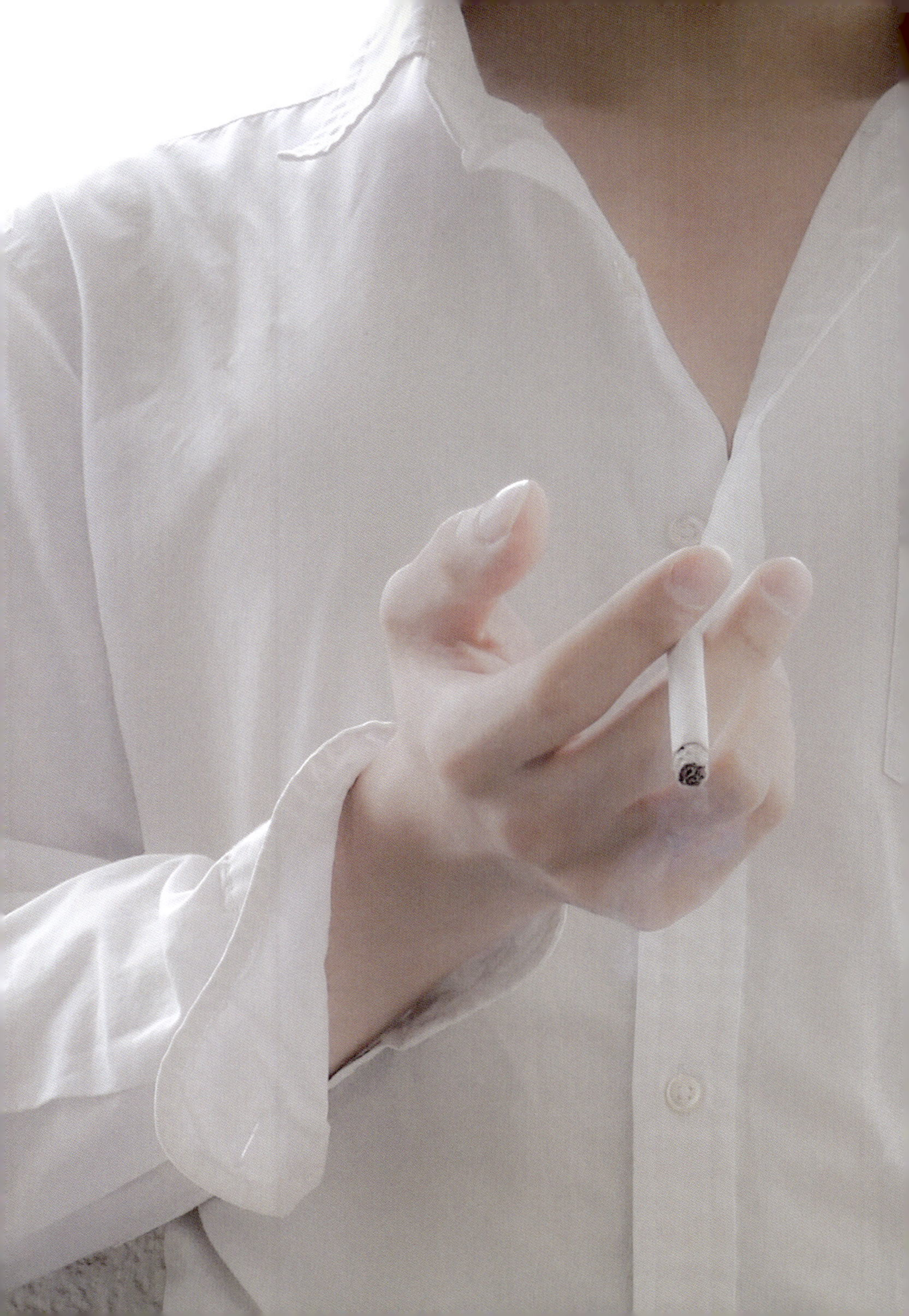

MEVIUS

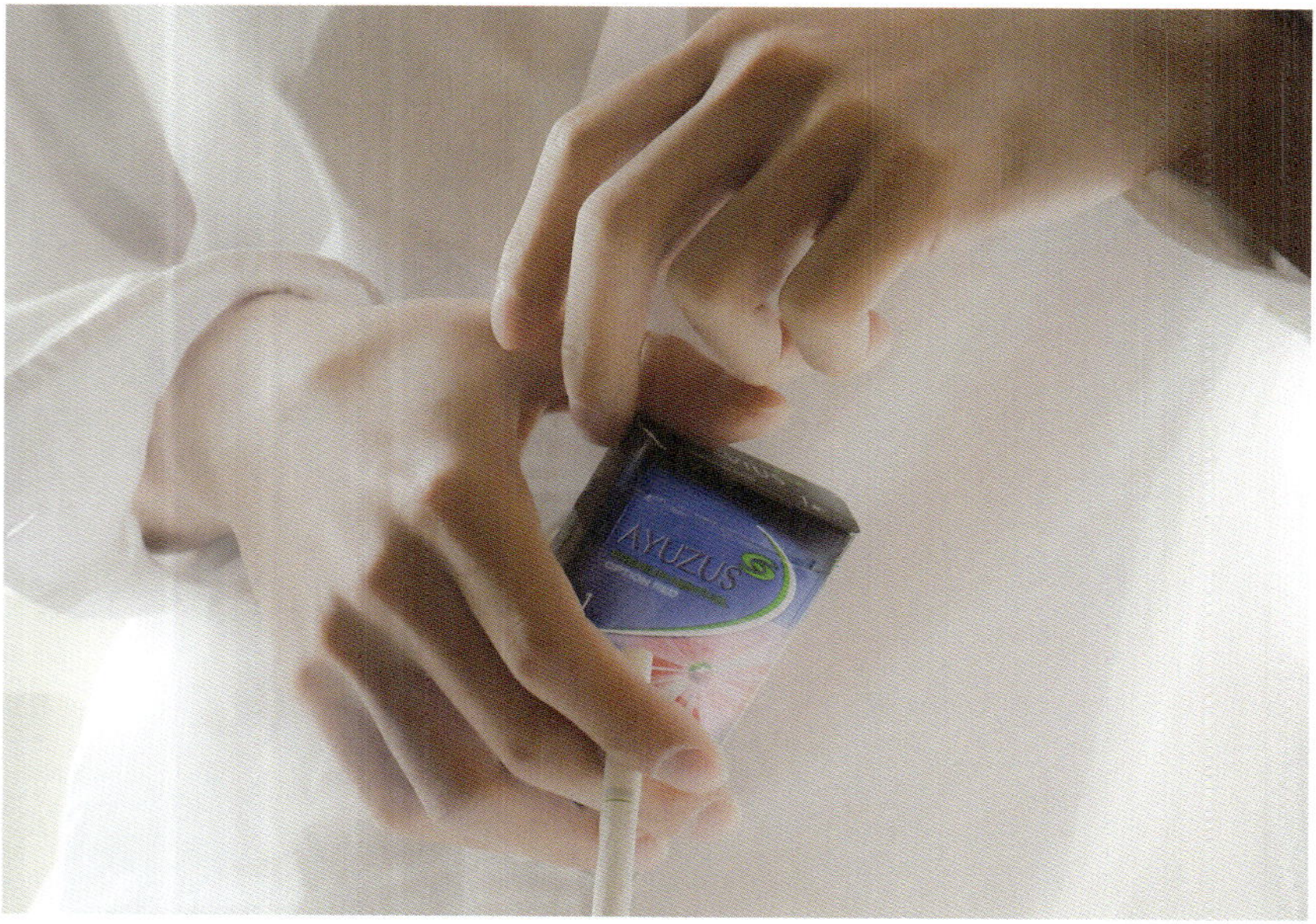

第19回

感度、覚えていますか

いよいよ夏の到来を迎え、毎日心のご子息もガン萎《な》えでいらっしゃることと存じますが、皆様お元気ですか。

9月号の妄想資料室ですよ、早いですね……このあいだ令和になったかと思いきや、そそくさと上半期が過ぎて行き、これ終わったらもう8月ですよ……秋じゃんね。

怠《だる》くてエロいこともする気にならない。オカズ何にするとか考えて準備するのが心底だるい。

こんな具合の引きこもりなので数ヵ月、友達というものにも行きずりの男にも会っていない。

こんなことなら仕事の話から下世話なことまで全部できる相手の一人で

も作っておくんだった……手で抜くのも惰性って感じだ。

そういや世の中には電動で上下に動いたり暖かくなったり喘いだりするオナホールあるらしいじゃないか、あれ欲しいんだよな……。

あん……？　なんか俺この感覚いつかどこかで……？

そうだ、２月に「お一人様でするとき両手で乳首弄ってると他のところが触れないじゃねえかよ!!　不便すぎる!!!」と思って電動乳首バイブを買ったんだった。詳しくはニップルドームか「乳首　ＵＦＯ」でググれ。

「いやいや……お前すげえ高かったのに全然使えてなかったよな……ごめんな……」って久々に使ってみたら全然気持ち良くない。何だお前。

俺がしばらくいじってなかったからリセットされたのか？

生活に疲れて１日終わったらとっとと抜いてとっとと寝る太郎の癖がついてしまい長年の乳首開発の努力も無駄になってしまった。

つーかそんなにすぐになくなるようなものか？　と調べると「精神的な

ゆとりのなさで感度が下がる。」と。

それ「EDの話の回」で同じこと聞いたわ、どんだけ精神やってんだよ。

そんなこと言ったらもう。ずっと乳首感じられなくない？

夏は怠くて、秋に寝込み、冬は篭りて春も篭《こも》りてるようなやつだよ？？

とはいえ乳首が感じないのは本当に切ない話なのでもう一度開発をし直すことに。

乳首の開発はくすぐり、マッサージ、拷問系に分かれる。サテン生地越しにくすぐったり、乳腺を刺激してみたり針刺してみたり色々ある。

乳首は触れられるとオキシトシンって幸福物質が分泌されるそうで、それが中毒性に繋がってるんだと。痛みでも気持ちいいってこのせいか。

確かに乳首にはまった男って生涯乳首いじってるよな。

俺だってその辺の男に乳首吸われても母性を感じる。

では逆にその辺の男も俺に乳首吸われたら母性感じるんだろうか。

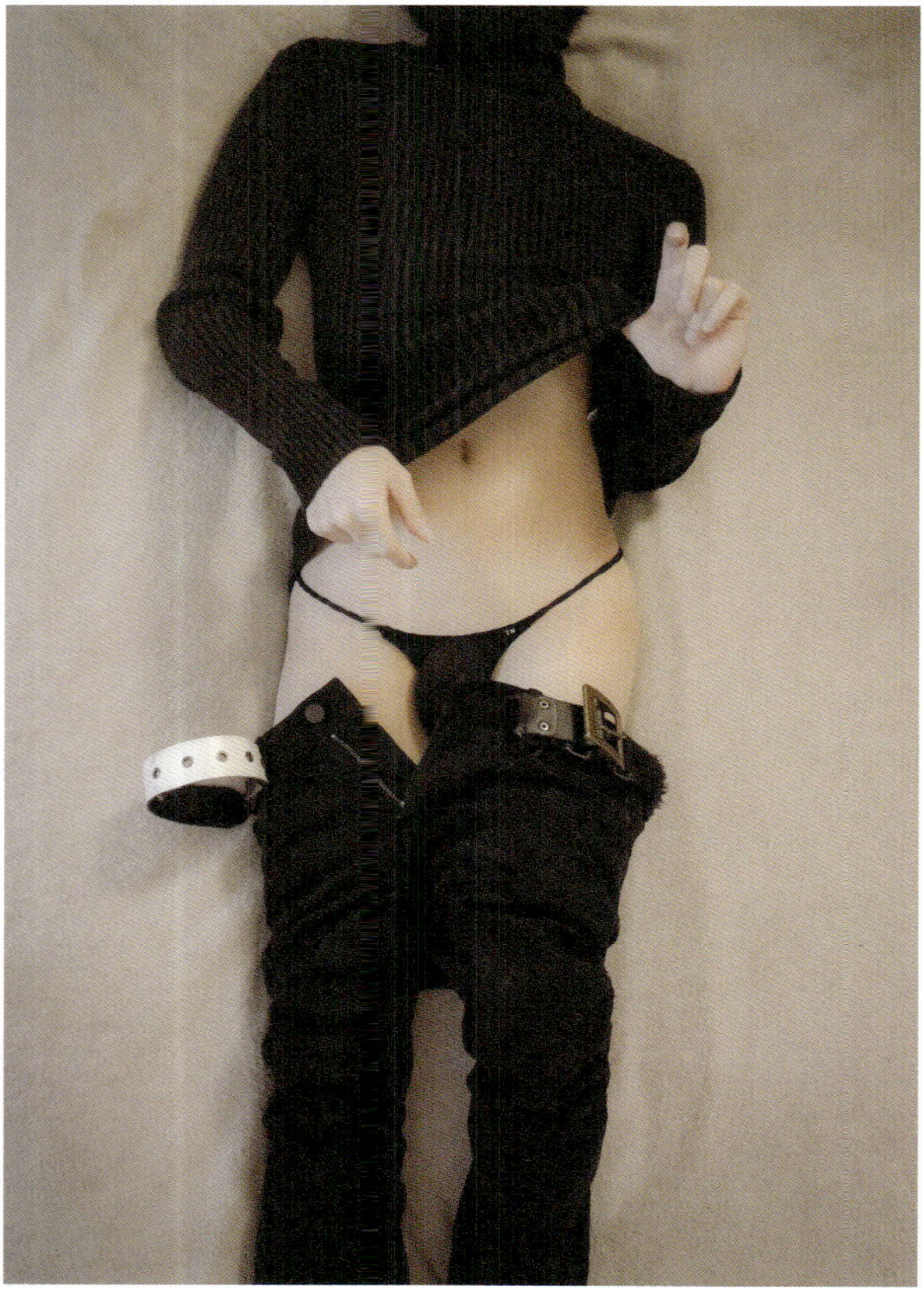

どんなに屈強な男でも、感じるんだろうか。

熱いな。

第20回

トレーニングツールが欲しい

秋天の美しいみぎり

秋気が肌にしみる季節となりましたが、おすこやかにお過ごしでしょうか。

なんと20回目の妄想資料室です。

台風が来たと思ったらすっかり寒くなっちゃいましたね。

秋口になるとやっぱり人肌恋しくなってくるんですが、みなさんそういうのどうやって収めてらっしゃるんですか。

ホモが日常で体験した性的なことや得た知識を赤裸々に語るコラムですから話しますけど、最近アナルを使うのがだるいんですよ。準備が大変だし後も面倒だしでほぼ誰とも致さない、自分でも入り口としては使わない日々が続いてます。

かと言って手で扱いて終わりってなるとつまらないというか、もうすこし気持ち良いことがしたい……とオナホールを使うことが増えてきて、その話がしたい。

女性だとわからないと思うんですが、あれにもいろんな種類があるんですよ。

貫通か非貫通かでバキュームの有無が変わったり、TENGAみたいなカップ式、シリコンだけで出来たハンドホールか、据え置き型の大型ホール、最大級になるとダッチワイフになるんですよね、最近だとちんちんがついてるのとか本当に多種多様。

自分も好きで使うんですけど、割とどれも刺激が強め。もちろん気持ち良くなる為につかうから刺激がほしいんですけど、それに慣れてしまうと実際のエッチでイけないことがあるんですよ。

特に男同士のエッチだと入口（と言っていいのか）は肛門括約筋でキュッと締まるから気持ちいいんですけど奥は広くて刺激が弱いのでとりわけ

射精がしにくくなる。

それを改善するためのトレーニングオナホっていうのをＴＥＮＧＡが出してるくらい問題になってるんですよ。


あと、受の子が攻に回ろうとするとイけなくてダメだった……とか結構多くて、自分もその一人。

すごい難しいんですよ。入り口の高刺激部分で亀頭の気持ちいいところを刺激しつつ、抜けない様にピストンするって結構コツが必要みたいで。

どうせならアナルセックス専用のトレーニングツールとか作って欲しい。実際の内部構造を模して腰振れたり、手マンの練習できるやつ。


誰か作ってくれないかな……出来そうな企業さんいたら連絡ください。

書き下ろし

射精ってしんどい

一口に「射精はしんどい」と言われても読者の殆どが女性であるこの雑誌の、さらに巻末の、そして訳も分からない同性愛の男のコラムを読んでいる方には、どんなものなのか理解しがたいと思う。はっきり言って射精は気持ち良いがしんどい。最近そう思うことが増えた。相手が居れば駆け引きをし、部屋に来るならばムードをつくり、一人ならばお気に入りのおかずを用意して、時には惰性で射精に挑む。

その瞬間までは高揚感に満ち、時に微熱を帯びてふわふわとした気持ちが、出し切った時にはインフルエンザレベルのしんどさが襲うのだ。

時々「彼の賢者モードがひどくて行為の後冷たい」というお悩みや、逆に「ずっとやさしく接してくれるのですが賢者モードがないんでしょう

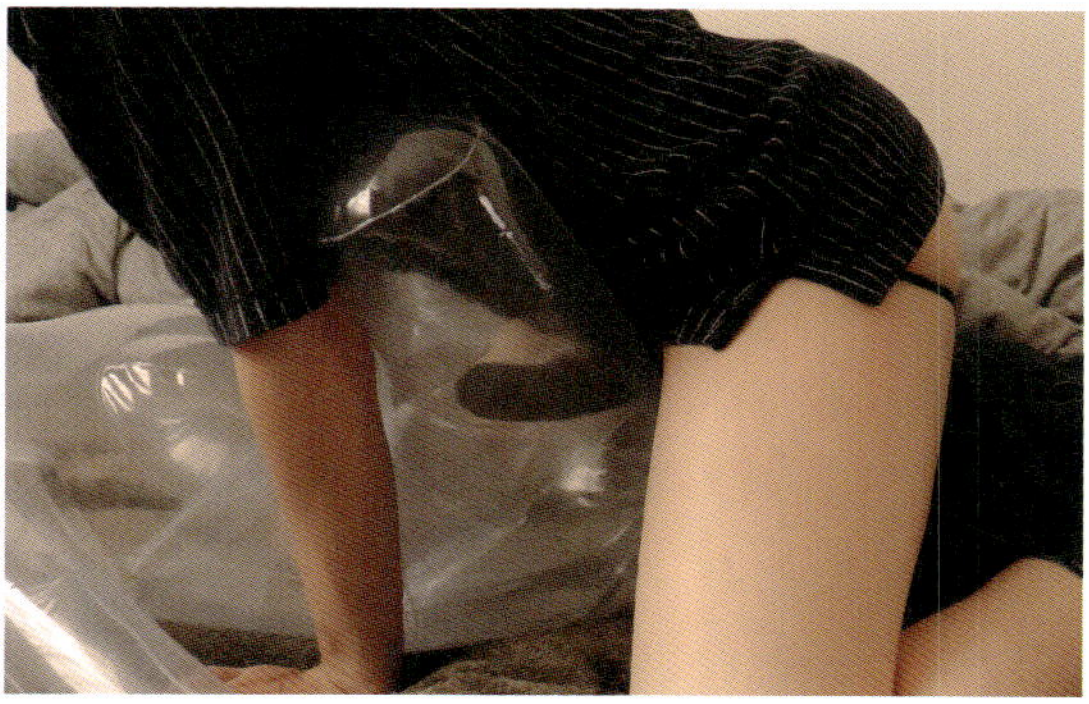

か」なんて匿名の質問が来るのだが、正直人によって賢者モード（虚脱感という）のレベルはさまざまである。体力的な問題もあるのだがそれ以上にホルモンが関係しているらしい。

射精までの間にプロラクチンという下垂体ホルモンが上昇するのだが、どうもこれが賢者モードを引き起こすらしい。つまりこれが上昇しない男であれば連続射精が可能になる。時々漫画で連続射精をして、身体中精液まみれで恍惚とする様子などがあるが、このタイプの男性だろう。

現実にこんな男性と会ったことがある。

数年前、複数の男が集まる楽しいパーティー（明言は避ける）に呼ばれた時、そいつに出会った。「俺絶倫で何回もイケるんだけど、相手してくれるタフな人いない？」と少し申し訳なさそうに言う少し太めの男性で、口ぶりから察するに絶倫すぎて今までの相手に嫌がられたりしていたらしい。

好奇心から「俺とやってみる?」と話しかけると嬉しそうに相手してくれた。聞くと自分より三つ上のリバ（タチもウケもやる人）らしい。先約があった別の男とバックで一度済ませると、突き上げた腰を下ろす間もなく上に乗っかってきた。

待ちきれなかったのか、完全に物として扱われている。こういう性的倒錯感は好きだ。

最中彼は「大丈夫？　辛くない?」と優しさをみせながらガツガツ掘ってくる。かといって痛いわけでもなく気持ちいいところを的確に攻めてくる。

「そろそろイくね」と耳元で言うと、思ったよりも早く彼は射精した。絶倫という割にぜーはー言ってさっさと終わるんだな……？　と残念に思ったのもつかの間、また彼は動き始め、次は一分と経たずに声をあげて射精した。初めてで出会うタイプなので、ＡＶで見た抜かずの◯発だ!!!　とテンションが上がっていたのだが、競輪選手のような息のあげ方で5回、6回と次々に射精するのを鏡越しに見て「えっ？　また？　ねえ大丈夫？？？ねえ！　大丈夫!?」と驚きを通り越して不安になってしまった。

7回目で彼はバテてやっと抜いてくれた。なんでこんなに射精できるのかと問うと「わからない。どっか狂ってるんだと思う。いつもなら10回はいけるのに」と残念そうに言う。汗まみれで精液垂れながらベッドに倒れる姿はアスリートにしか見えなかった。

連続射精できる絶倫と言っても、平気な顔で何回も相手を満足させられるタイプと、競輪選手のごとく腰を振り絶頂状態から抜け出さずに射精を続けて相手を不安にさせるタイプがいるらしい。申し訳なさそうな顔の理由はこれか。

その後シャワーを浴びて、相手してない男全員と受けの開発を行い、足りない人員を追加して朝まで楽しんだ。世の中タフな奴がいるもんだ……という貴重な経験と、自分が相当タフなタイプだという学びを得た。

それ以来楽しいパーティーには参加していない。

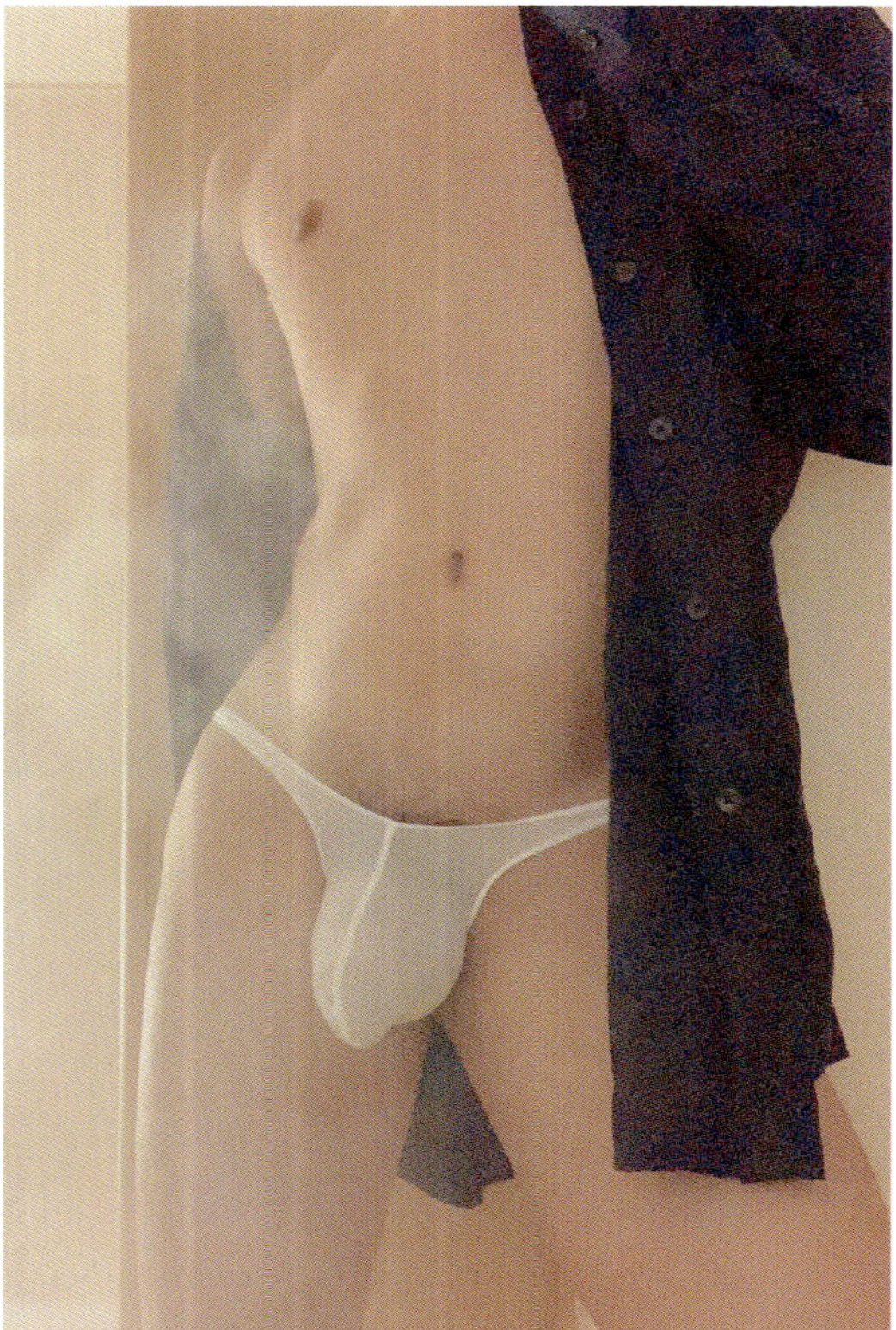

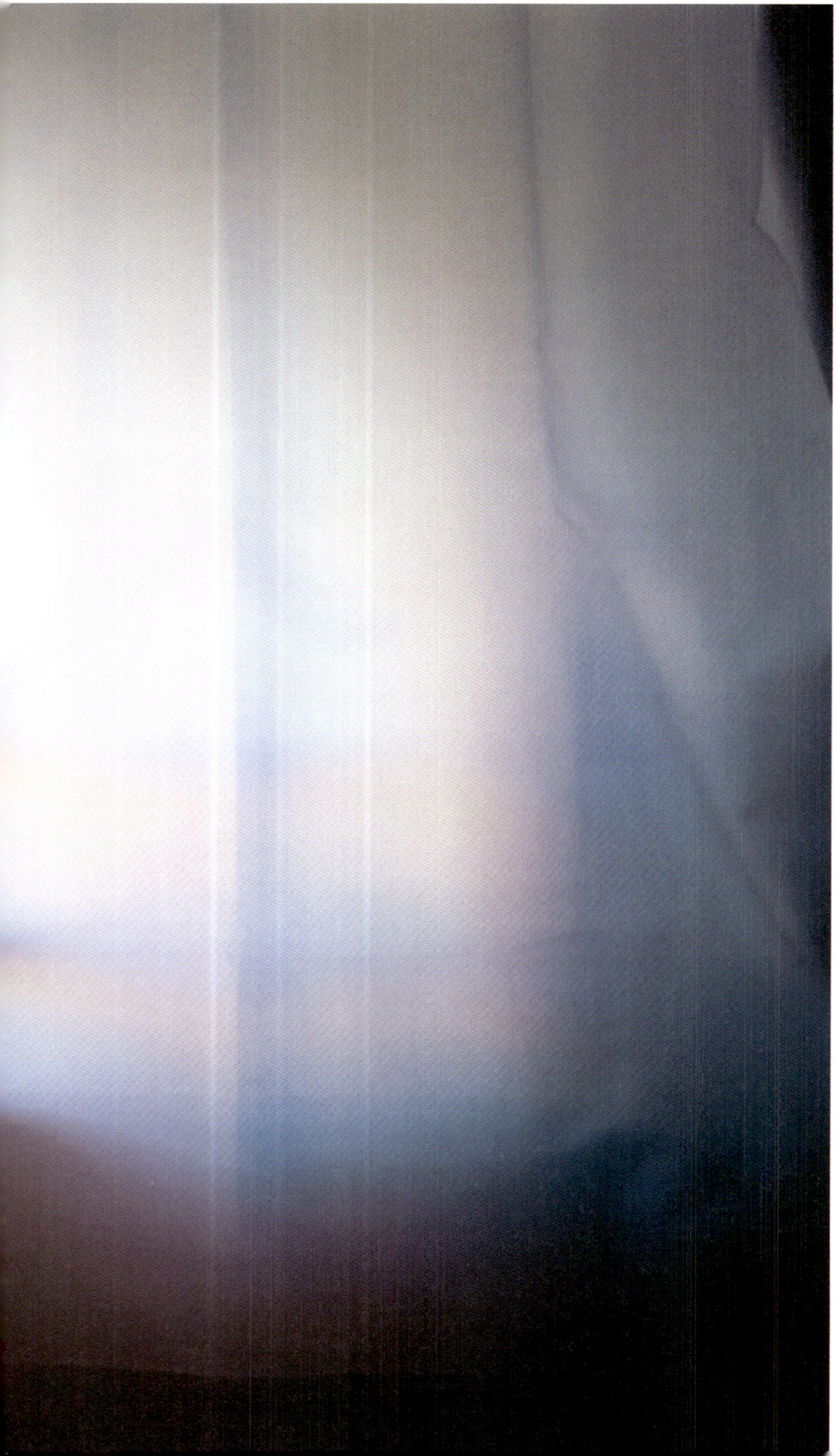

書き下ろし

結婚とゲイ

2019年5月、台湾で同性婚が認められた。

正直同じゲイだからといって他人の話だから「ああそうなんだ」って感じだったんだけど、国が認めた関係として、いざという時に大切なことを任されることができたり、何か残してあげられたりってできるのは良いなって思う。

結婚。今までずーっと無関係だと思って生きてきたんですよ。物心ついた時（小5）からゲイだったから。

でも実は何度か考えたことがあるんすよ女性との結婚。えっ！　なんで女性？　と思うかもしれないですけど、この考え方はある意味ゲイならではなんじゃないかな……（極めて稀だが）。恋愛結婚ではなくて、同じような価値観の人間と一緒に暮らして、何かあったときにお互い助けることができて、何かを残せて頼れる、【間違っても中途半端な恋愛感情とか性的なつながりがない人】が欲しいなって思ったんですよ。

もう、恋愛とかセックスの相性とか通り過ぎるのも面倒くさい。かと言ってお互い友達として何かを取り繕う関係も面倒くさい。家族はきっと先に死ぬし。安心できる同居人、死んだらこいつに全部任せられるなって思いあえる関係が欲しい。

同じ価値観をもった女友達の方が多いし、適当な関係ですぐ壊れるくらいなら自分に興味がない女性とくらしたい。って思ったんですよね。逆に恋愛的な好きだったら一緒に生活できるかと言ったら全く別なんですよ。

一緒に暮らせるくらい相性が良ければ恋人じゃなくて良い。

日本ではパートナーシップ制度っていうのができて、同性婚はできないけどうちの地域では同等に扱いまっせ。ってやつが始まりまして。あれができた時も「ふーんよかったねー」と思う反面、めちゃくちゃ焦ったんですよ。

だってそもそも友達作るのが面倒なのに!!! 付き合って別れてして死ぬほど面倒なのに!!! まだ先があるの!!! って。

でも結婚してないストレートの男女なんて山ほどいるし、結婚したいと思ってる人たちが幸せに暮らせて平等になるんだったらいいか。無理にするもんでもないしな。

あらゆることを面倒だ面倒だと放棄してきたんだけど、最近一番思うのは「死ぬまで生きてなきゃいけない」ってこと。もう本当に面倒くさい。毎日食べるご飯を決めなきゃいけない、朝起きて今日何して生きるか決めなきゃいけない。何をどうしたら次の企画の成果が出るか考えて逆算して……ああ面倒くさい。

一年くらい人間を休みたい。ゲル状の何かになりたい。

ぜんぜんかんけいない話。渋谷で友人とスーツとネクタイを買いに行って店を出たらウェディングドレスのショールームがあって「こういうの着たいの?」って聞かれた時、瞬発的に「着たい」って言ってしまったことを思い出す。

今、世間の結婚の話題を前にして感じる、これがマリッジブルーか……ちがうとおもう……。

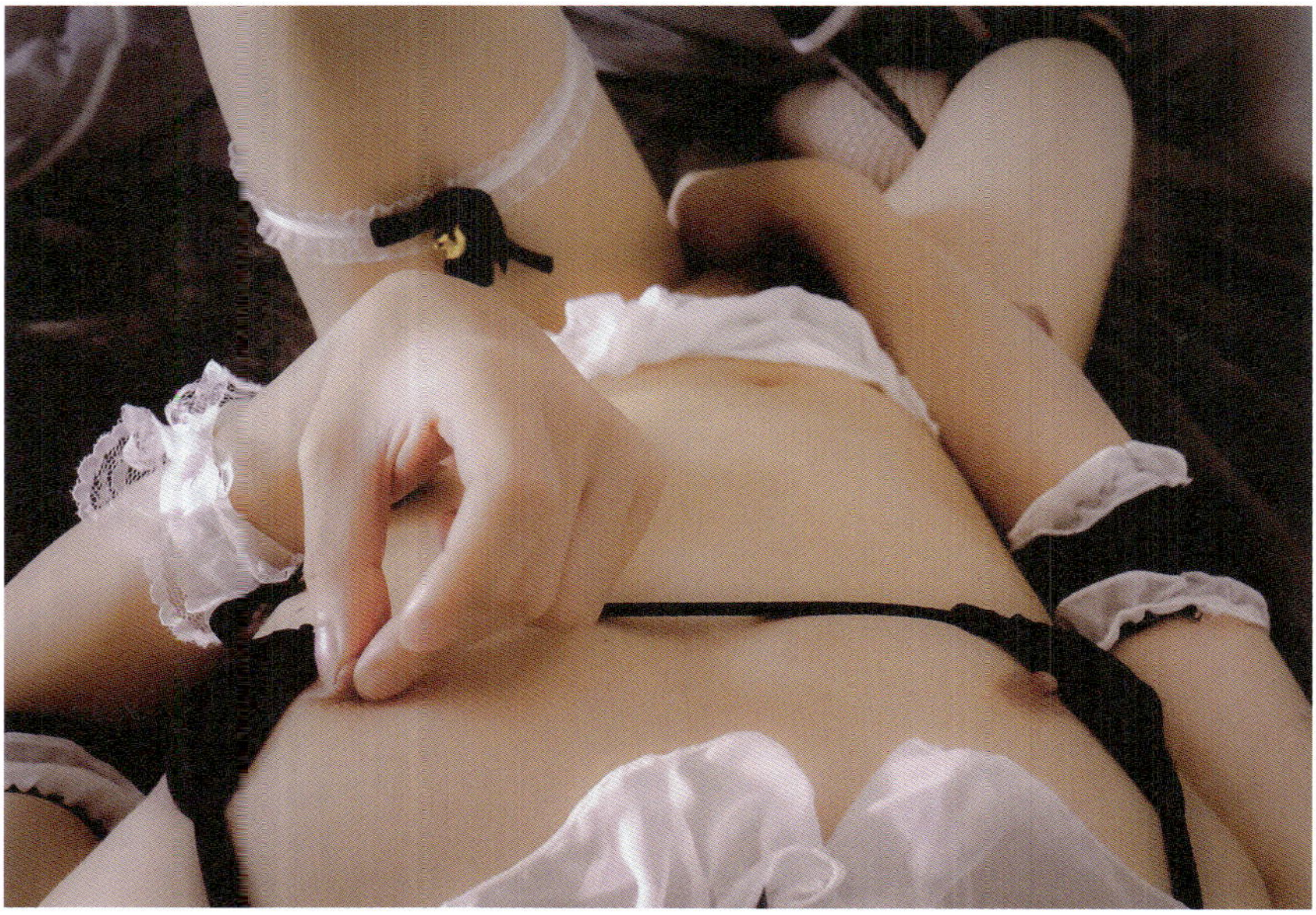
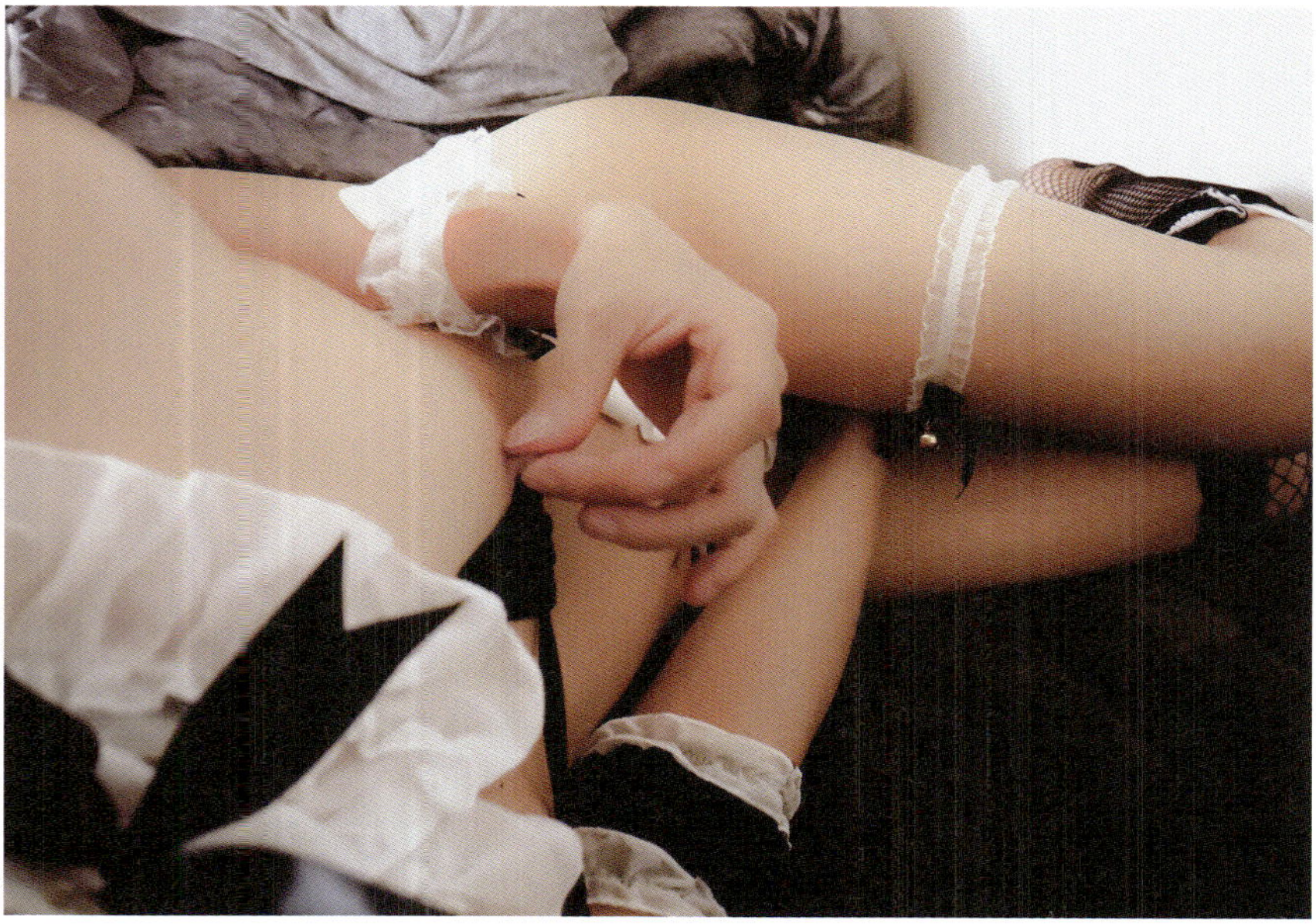

書き下ろし

楽しい話

毎日が苦難の連続で疲れた心の拠り所を「食と性」に見出したゲイの独立は、開放感から性生活も大荒れで、次第に人間関係に求めるものが「面倒抜き(※1)」に変わっていった。

そんな生活にも少し疲れてきた時、近所に住む一人の男性と会うことになった。その人は30過ぎぐらいの優しそうな人で「エッチもいいけど、まずは食事でも」と誘ってくれた。

食事からはじまり、段階を踏んで進んでいく関係は初めてだったので、「あ゛っ!! これgat●auで読んだやつだ! 進○ゼミでやったとこだ!」と心はときめいた。

会う前にどんな仕事をしているのか、趣味は、食べ物は、いろんな話をした。

ネット上で、話していた雰囲気通りの温厚な人で、お互い写真や食事が趣味だということもあり、話も弾んだ。

会計を済ませてもう一軒。二軒目に行こうかと話して、辺りを見回すと寂れた商店街は軒並みシャッターが降りていた。どうしようかと思った矢先、彼が後ろから抱きついてくる。

「ねえ、家まで行っていい？」

On B●ue で読んだやつだ!!!!

「大人なのに酔ってやんの」

「うん、大人なのに酔っちゃった」

脳内のパチ屋のおっさんが「もう2~3000突っ込んだら当たるよ」と囁く。わかったよおっさん……この激甘台、攻略してやるぜ……。

家が近くで助かった、独り立ちしてよかった、ベッドをセミダブルにしておいてよかった……今夜お前をお値段以上にしてやるからな……。

森羅万象とおっさんに感謝して彼を招き入れる。こんな時のために買った間接照明の間接感もいい感じだ。ベッドに座るとどちらとも無く指を絡め、そのままベッドに押し倒される。

FEEL YOU●G……そんな言葉が脳裏をよぎって目を閉じる……今の俺の絵柄はきっとね◯ようこだ……間違いない……。

彼はしばらく何もしてこない、ああ……焦らされるのも嫌いじゃないよ……もう少し長かったら無邪気に笑って「恥ずかしい……」とか言ってみようか、うん、言ったら可愛いだろ、あざといだろうか。可愛いだろ。可愛いよな？

うーん、彼はどんな顔で僕を見ているんだろう、と目を開けるとそこには明らかに顔色の悪い彼の顔があった。

「どうしたの……？」

「のみすぎたかも……」

明らかにさっきのとは違うＯＵＴなトーンで全てを察した。

頼むからここでは吐かないでくれ。

「大人なのに！」

「大人なのに………」

ざわ……ここで負けちゃダメだ……こんなときFEEL YOU●Gならどう

する……いい女ポジションな主人公の先輩ならどうする……！

　彼は下を向いているのだから上向きにすりゃ出てこないんじゃないか。

「ひとまず横になって、ね、大丈夫……」と彼をあおむけで寝かせて、同じ姿勢で添い寝する。

　いいぞ、まだね[redacted]先生の絵柄は保たれている。

　しばらくすると上向き作戦が功を奏したのか、顔色も戻って落ち着いた彼が謝ってきた。

「ごめんね、もう大丈夫だから」

「いいのいいの、俺も無理させちゃったかな」

　次回へ続くやつだ、いいんだ、俺たちはこうやってゆっくり進んでいくんだ。

改めて指を絡めお互い横に向き合って抱きしめ合う。
目を合わせるとそこにはさっきより青白い顔の彼がいた。
そして僕も、同じ顔をしていた。
そうなったものは仕方ない

※1面倒抜き…顔写真や詳細なプロフィール等を交換せず、極めて手短に行為の約束を取りつけること。

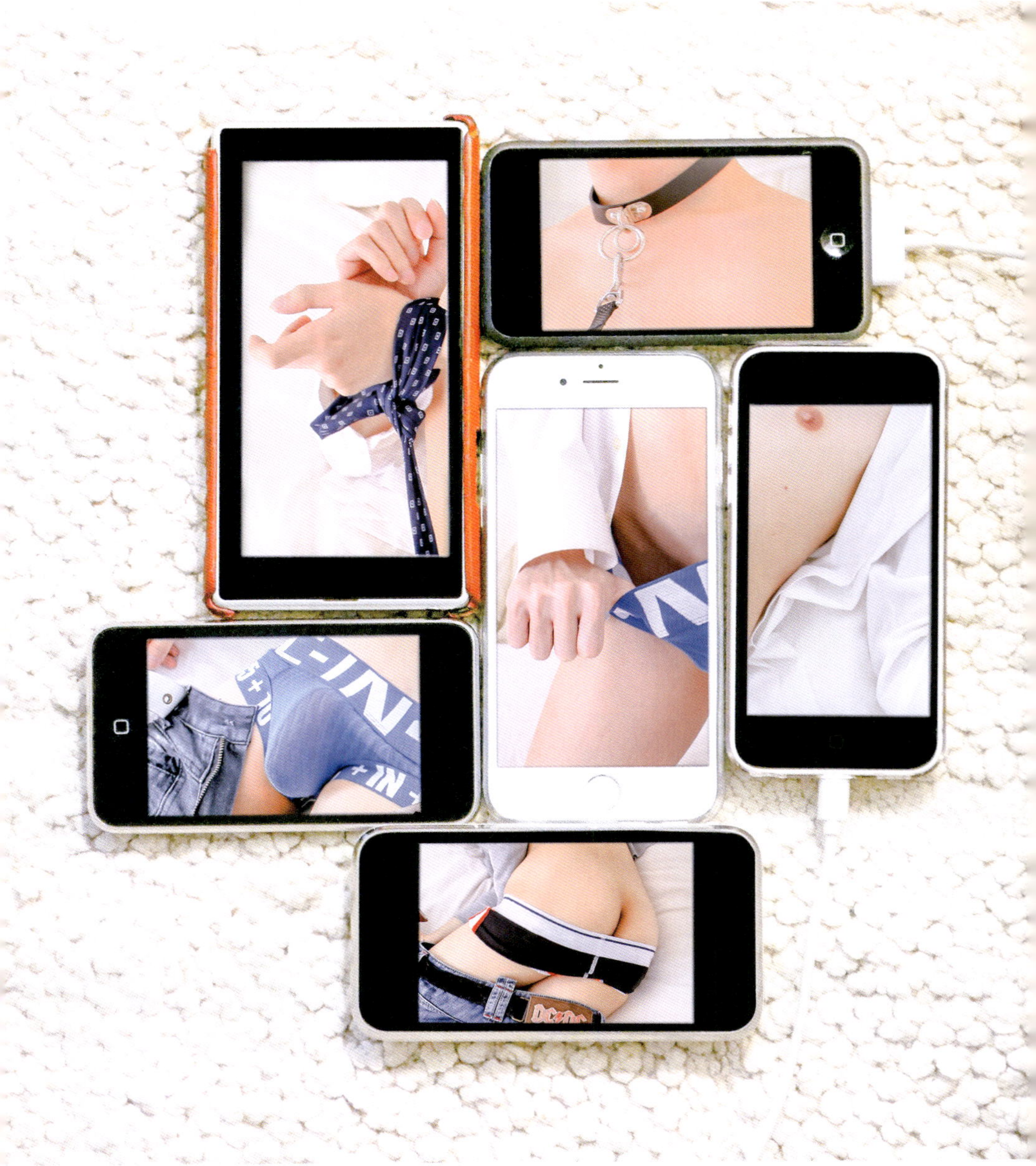

あとがき

僕はどうしてこう仕事がうまくできないんだろうか。昨日出たアイデアも次の日には１８０度。「ここはこうしたい」という明確な指針がないので、作ったら偶然出来たものを「これはこういうものです」と言って出すことしかできない。

自分のアイデアも発言も書いた原稿も、次の日には忘れてしまう。仕事ができないのではなく、単純に知能指数が低いんじゃないだろうか。ときに過去の原稿を見返す度に思う。この人はなにを言っているのだろう…と。

思いつきで作って、思いつきで書いて、この商売を始めてから嘘をついたことはない。もちろん全て僕の経験したことだし、ノーマルの人が見れば数奇な経験と知識の数々に見えるだろう。でも綺麗にまとめようとすると本当のことも嘘っぽい。その辺含めて「アナル is ファンタジー」ってことにしておきたい。

胡散《うさん》臭い。どうしても穿《うが》った見方をしてしまうのだが、今この状況に一番ふさわしい言葉のように思える。

僕は文章を書くという分野においてはとりわけ才能がない。才能がないのになぜ仕事にするんだ。と言われると「才能がないから」としか言いようがない。才能がないからやるのだ。

何かを始めるとき人は「どうすればいいかわからない」と口にする。やって失敗したら恥ずかしい。もしやれたら格好いいんだろうけど。出勤したくないから自宅でできる仕事をひとまずやりたいと言っておく。ちょっと調べればわかる時代に調べるほどやる気はないってことだろう。

何も作り出さない人間がDMや街中で急に「ミュージシャンになりませんか」「小説家に」「大物ユーチューバーに」なんて話が舞い込むことなど当然ない。正解や成功の方法など誰にもわからないのだ。ただ「そうすればそうなる」自由な時代なんだから誰が何やってもいいのだ。やったことが出来ることになるのだから。

この「妄想資料室」の連載を続ける中にも沢山の学びがあった。

僕は小学校の時から漢字も作文も苦手だったし、読書感想文を2枚に書きなさいと言われたら、本を読みながらあらすじをバーッと書いて最後の1行にペロッと「たのしかった」と書くようなズボラだった。なんなら高校に上がるまでそうしてきたし、そもそも今でも何を読んでも「すごい！」以外の感情が湧かない。

感想なんてない、伏線とかわからない、登場人物は3人以上覚えられない。読み切る前に自分の世界が広がって好き勝手に冒険してしまう。妄想だけは得意。そんな自分でもこのように仕事が出来ているのだから、大事なのは事前の準備や学習ではない。

クオリティが高い商品が売れる。そんなのは世間の作った勝手なイメージなのだ。自分の作ったものを世に発表するという行為自体恥ずかしいことではないか。その度胸があるかないかの問題なのだから、己の痴態を見せつけてやればいい。

……と、そんな言い訳じみた強気の学びや文章の組み立て方も次の原稿を書く頃には「あれ……どうやって作れば……」と忘れている。そしてまた、同じことを学ぶ。大事なのは事前の準備や学習かもしれない……。

とはいえ隔月連載。2ヵ月に1度のギターの練習だとすると1曲弾けるようになるのはいつになるだろうか。「家庭事情で引っ越しました」とか関係ないこと書いてるし、もしかしたら練習する気もないんじゃないか。

大人の皆さま、よくぞこんなズボラを人の形にしてくださりました。そしてよくぞこの本をお手に取ってくださりました。日々の練習の成果は、このような形と相成りました。

もう遅いけど足早に読むとすぐに終わってしまうので、発表会を見る親のような気持ちでゆっくりとお読みください。

痴態を。

History

［書籍］

2016.07.23	「マンガ家と作るポーズ集 妄想ポーズ集」（新書館）
12.09	「マンガ家と作るポーズ集 妄想ポーズ集 SPROUT」（新書館）
2017.07.25	1st写真集「Licht（リヒト）」全セルフポートレート作品集（新書館）
2018.05.21	2nd写真集「Fake it」着衣系作品集（新書館）
2019.10.30	フォトエッセイ「妄想資料室」（新書館）

［イベント］

2017.07	妄想写真展「行方不明（Missing）」at 銀座モダンアートギャラリー
2018.02	「突発的写真展 再放送」at マンガ展TORICO
2018.02.10 ～18	「すず屋。摄影展 in Taipei」at 安利美特台北店（animate）
2018.05～09	「Fake it Tour 2018」 05.19～06.03　アニメイト渋谷 06.02～06.11　アニメガ福岡パルコ 06.16～06.25　アニメガ三宮 06.30～07.09　アニメガ仙台ロフト 07.14～07.23　アニメガ札幌大通駅 07.14～07.29　大阪モモモグラ 08.28～09.03　名古屋クリマ・ギャラリー（追加公演）
2019.10.25～11.04	「妄想資料室 & The CAFE」at アニメイト渋谷

G O O D S

これまでに製作・販売されたすず屋。グッズ一覧。
コラボグッズもございます。

トートバッグ

ポストカード

Tシャツ（白）

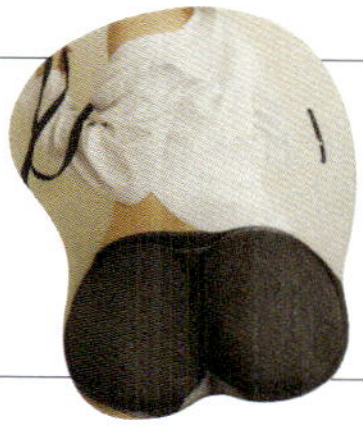

お尻
マウスパッド

Tシャツ（黒）

クリアファイル

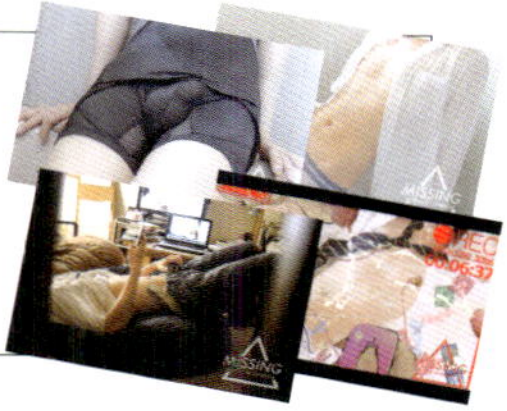

ポスター

尻チャーム

ステッカー

ショッパー

Tシャツ

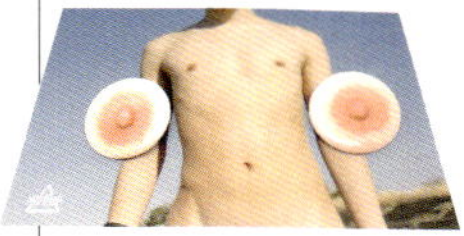

乳首缶バッジ
（カード付き）

クリアファイル

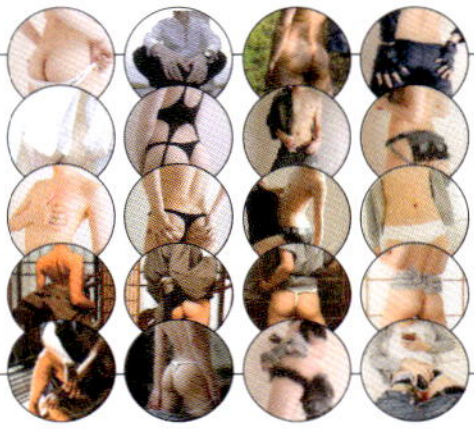

缶バッジ

ミラー

トートバッグ

スマホリング

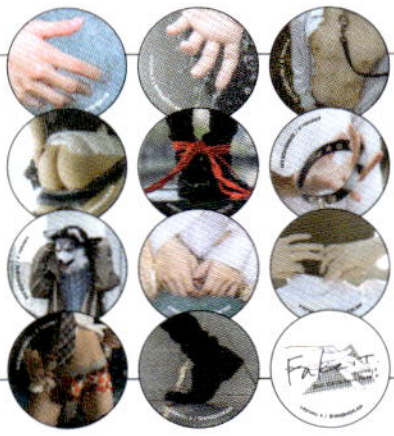

缶バッジ

マルチ
ステッカー

ポーチ

ブロマイド

ランチトート

ポーチ

マグカップ

妄想資料室

Tシャツ

シルクスカーフ

スマホリング

パスケース

ブランケット

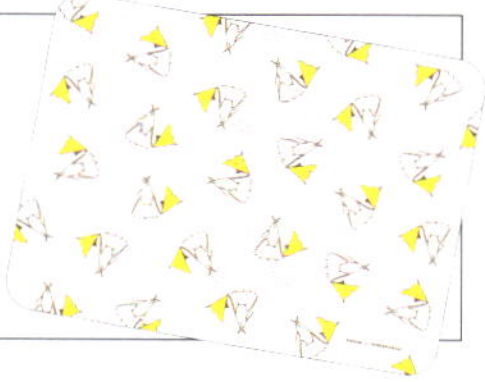

アクリル
プレート

（アニメガ）

クリア
ファイル

（ヴィレッジ・ヴァンガード）

Kickoff collaboration

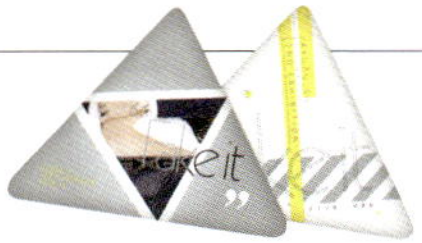

三角クッション

（TORICO）

ポストカード

（ヴィレッジ・ヴァンガード）

エムカード

（TORICO）

缶バッジ

（TORICO）

Fake it collaboration

Licht collaboration

缶ミラー
（AR画像付き）

（TORICO）

ハート型
缶バッジ

（アニメガ）

泡ポスター

（とらのあな）

エムカード

（TORICO）

アクリルキーホルダー

（アニメガ）

SPROUT collaboration

お風呂
ポスター

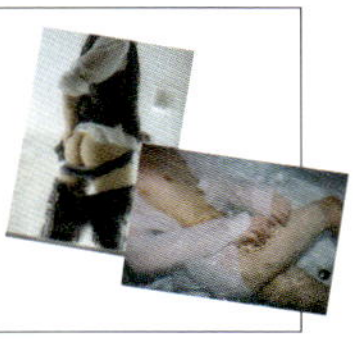

（とらのあな）

缶バッジ

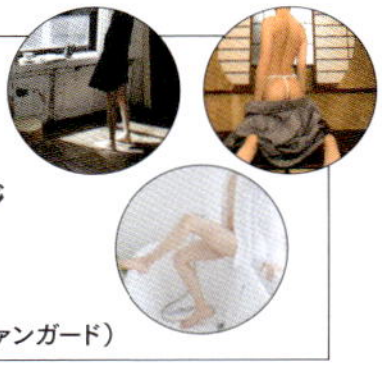

（ヴィレッジ・ヴァンガード）

［初出］

妄想資料室 第1回〜20回	Chéri+2016年9月号〜2019年11月号に掲載
射精ってしんどい。	書き下ろし
結婚とゲイ	書き下ろし
楽しい話。	書き下ろし

妄想資料室

初版発行 2019年11月10日

すず屋。

〈発行〉株式会社 新書館
〈編集部〉〒113-0024 東京都文京区西片2-19-18
TEL：03-3811-2631
〈営業部〉〒174-0043 東京都板橋区坂下1-22-14
TEL：03-5970-3840
FAX：03-5970-3847
〈印刷・製本〉中央精版印刷株式会社

Printed in JAPAN ISBN978-4-403-22130-9